マンガでわかる!
対人関係の心理学

贏得好人緣的
人際關係心理學

YUUKI YUU 監修
謝敏怡 譯

阿德勒的勇氣心理學×榮格的人格類型
輕鬆突破關係困境，超實用的社交心理學大全

主要登場人物

日比野希海（28）

杯麵製造商池麵食品的總務部主任。她從產品企劃部調到總務部，卻對總務部的人際關係感到苦惱。為了抒解壓力參加烹飪教室，因而認識悠宇，並向他學習心理學。

悠宇

精神科診所醫師。在烹飪教室認識了希海，並教授她心理學。他非常喜歡甜食和高熱量的食物。

青木太藏（57）

總務部部長。在總務部裡並不顯眼，個性消極，卻是處理客訴的高手。

鮫島宗一郎（41）

總務部課長。個性易怒、堅持己見，但處事認真且責任心強。

濱村早百合（39）

總務部組長。喜歡八卦、話多、對流行時尚敏銳，但卻出乎意料地顧家、很照顧他人。

山根南（28）

與希海同期入職的同事。自尊心高，忌妒同期的希海晉升為主任。不過電腦技能意外地好。

藤崎海斗（24）

希海的後進。溫柔體貼，但個性相對被動。不過也意外地有男子氣概的一面。

花形和子（47）

花形烹飪教室的老師。個性開朗溫柔，但很有主見。有腎臟病。

福田昌平（66）

池麵食品秋葵拉麵的粉絲。為神經質人格，曾因某個事件而客訴總務部。

第1章

如何面對苦惱的人際關係

池麵食品股份有限公司
池麵食品
我任職於杯麵製造商。
日比野希海
食品製造商「池麵食品」
總務部主任
添加秋葵的「黏糊糊！秋葵拉麵」是公司最近的人氣商品。
雖然……
我在商品企劃部工作得很快樂，但好景不長…
黏糊糊好吃黏！
黏糊糊！秋葵拉麵
什麼？總務部？

對！妳去當總務部的主任。
總有一天會把妳調回來啦，
但我希望妳到各個部門體驗一下。
拜託妳囉！
苦笑
……
天啊！總務部…
搖頭
不
陰沉
是那個難搞員工多，惡名昭彰的總務部嗎？
為什麼我會被調到那裡…
總務部
嘆氣

喝茶～
青木太藏
總務部部長
發呆
藤崎海斗
總務部員工
抓頭
嘖!
咚咚咚咚咚咚咚咚咚咚咚咚咚咚咚
鮫島宗一郎
總務部課長
濱村早百合
總務部組長
嚴肅
山根南
總務部員工
調到這裡已經三個月了…
雖然已經習慣總務部的工作，我認真的個性也很適合行政事務，
但人際關係還是讓我很煩惱…

嘖！
等文件齊全後再拿過來好嗎？真是的。
拍打
我們公司真的是喔！
妳有在聽嗎？
日比野妳也有同感對不對？
抱怨個不停
抱怨個不停
就是這樣所以才不行！
是！
是！
啊哈哈…
壓力大到快爆炸了…
沉重
壓力MAX
快被壓扁了…
這樣下去不行！
彈開
必須抒解一下壓力！
希海因此來到了…
花形烹飪教室
起司料理課開課中

這次的課程要跟大家介紹，
如何用起司做出低醣少鹽的健康料理。
花形和子
主持「花形烹飪教室」料理研究家
沉浸在料理與趣當中！
超喜歡起司的～
Camembert
Gorgonzola
Emmental
啊！
沒想到也有男學員耶…
唰
喔喔，原來你認識花形老師呀！

我在診所受到悠宇很多照顧。
診所？
他是精神科診所的醫師喔。
微笑
悠宇
精神科醫師
精神科診所？
我因為患有腎臟病，有時候情緒會比較低落⋯
悠宇給了我很多鼓勵。
哎呀，我可以叫你悠宇嗎？
請別客氣，叫我悠宇我反而比較自在不拘束。
呵呵

這個烹飪教室的開課初衷是老師為減輕身體負擔，
而開始研究起好吃又健康的料理。
嗯，我有在教室的官網看到！
對呀，所以今天的食譜，也是非常健康的「番茄莫扎瑞拉起司溫沙拉」！
呵呵
花形老師～
啊—
馬上來！
花形老師感覺好溫柔喔。老師彷彿是她的天職……
那個……
悠宇先生？
嗯，叫我悠宇就好。
悠宇你喜歡做菜嗎？

我其實正在減肥，所以必須限制醣類的攝取量。
拍肚子
什麼？你看起來一點也不胖呀！
震驚
你過重
醫生
我其實超愛吃甜食……
被恩師說「你看吧」，讓我很不甘心。
是喔，真看不出來耶！
那日比野小姐怎麼會來這裡呢？
咦！這個……
我是因為……
那個
嗚
喜……
喜歡……
做菜。
應該吧……
？
微笑

其實…
是因為最近壓力有點大…
……
三十分鐘後
香噴噴
好，完成了！大家可以一邊吃，一邊輕鬆聊天吧。
哇—
看起來好好吃喔！
明明味道很清爽，卻這麼美味，太好吃了！
幸福
搖曳搖曳
嗯
這道料理實在太適合現在的我了。
拉長
嗯…
啊，但吃完這個之後，假日就結束了。

明天就要上班了……
啊啊啊
愁眉苦臉
那個，如果妳方便的話……
要不要跟我聊聊妳的煩惱？
我說不定可以幫上一點忙。
咦……
跟別人聊聊說不定會好點。
可以嗎？
那我就恭敬不如從命了……
原來如此……是關於新部門的人際關係啊。
都是一群個性急躁的人…
怒
既然都出社會工作了，做人處事應該要像個成熟大人才對啊！

唔嗯嗯嗯嗯？（成熟大人）
？
拉啊〜〜拉
其實人的大腦裡面啊…
嚼嚼
有一種名叫「鏡像神經元」的東西，它能讓我們像鏡子反射般，感受他人的情緒。
「鏡像神經元」？
比方說，光想起情緒暴躁的人，自己也會變得暴躁，而產生壓力。
嘖！
焦躁 焦躁 焦躁 焦躁
嗚咕
對耶。
所以啊，在那種環境下，即便是假日也可能無法擺脫壓力喔。
明明放假卻一直想著工作的事……
震驚
怎麼會！
可是…我很喜歡現在的公司！
薪資福利也很好！
只不過…

我不知道該如何跟大家相處…所以覺得很不安。
原來如此…
日比野小姐知道什麼是「社交恐懼症」嗎？
咦
我好像有聽過…

因為不想出糗、不願難堪的意識過剩，而無法自然地與人對話，這種症狀就是「社交恐懼症」。

心理學檔案 01 社交恐懼症

過度在意別人對自己的評價，導致與他人接觸時會感到緊張或不安。症狀發作的原因可能源自於過去出糗的經驗，或是太擔心自己的發言會傷害團體的和氣。

社交恐懼症案例

臉紅恐懼症	出汗恐懼症

滿臉通紅
一跟人說話臉就會變紅，好丟臉啊…

汗流不止
又開始冒汗了…這樣可能會被對方討厭…

▶請見26頁！

哈！
社交恐懼症…我有這麼嚴重嗎？
啊！
這樣說來，在辦公室被鮫島課長罵的時候，我好像總是很擔心其他同事怎麼看我…
妳跟同事說話時，會不會因為❶**在意別人的眼光**，導致有話想說卻說不出來？
之所以會那樣，我想有可能是因為日比野小姐的「**人際認知需求**」較高的緣故。

❶此為在意別人眼光的「視線恐懼症」，還有其他不同類型的社交恐懼症。▸▸▸請見 32 頁！

人際認知需求？
簡單來說，就是在意別人怎麼看待自己啦。
大家在收拾了

心理學檔案 02 人際認知需求
人際認知需求是指在意周遭他人的行為和情緒，並渴望了解他人。當需求太強烈時，會因為過度在意別人的臉色而感到壓力。
人際認知需求高的人
・自我評價低
・屈就自己、迎合他人
日比野妳應該也贊同吧？
是…
希望他人對自己有好印象…
不想被否定…
任何人都會在意別人的評價，但在意過頭可能會影響生活和工作。
▶請見28頁！
你說的我大概知道…
我最近也總是在想，課長是不是在嘲諷我…
然後我覺得，日比野小姐「必須這樣做」的想法好像有點強烈。
唔…
既然都出社會工作了，做人處事應該要像個成熟大人才對啊！
我好像真的會這樣耶…
喀嘟
我們也開始收拾吧
流水聲
對事物要求高，基本上是好事喔。
但「必須」的想法過於強烈時，其實屬於「認知扭曲」。

認知扭曲…
流水聲
微笑
不用想得太嚴重啦，
其實…大家多少都有這種問題。

心理學檔案 03 **認知扭曲**

明明因為工作出紕漏遭到斥責，卻認為「對方討厭我所以才會罵我」，這類心理狀態稱為「扭曲的主觀成見」。

用主觀成見理解事物，是扭曲的思考方式。

①全有全無思考
95
我竟然錯了一題，我一定考不上大學…
②跳躍式結論
過了一整天都沒有回覆…我一定是被討厭了…
③過度以偏概全
那所學校有學生會偷竊，它一定是所爛學校。
④必須式思考
我是媽媽，所以育兒和家事一定要做到完美。

▶請見30頁！

此種換位思考，並能同理他人的技巧稱為「社交技巧」。
請見34頁！
收拾好了！
無論是人也好，事物也好，
都有正反兩面。
從各種不同的角度觀察人事物很重要喔。
……
唉…

今天你講的東西，說中我太多地方了…
ふう
妳不要想太多啦！不用對這些建議感到有壓力，參考就好。
……
哈啊，剛才的番茄真好吃～
那個！
嗯？
那…
請問之後也可以給我一些建議嗎？
會占用你一點時間…即使在烹飪教室碰面也無妨…

小事一樁！
而且我也很喜歡池麵食品的「黏糊糊！秋葵拉麵」喔！
雖然現在我都克制自己少吃杯麵
秋葵拉麵
太感謝了！
就這樣，我一邊學起司料理，一邊開始向悠宇學習心理學⋯

心理學檔案 01

克服自我意識過剩

關鍵字　社交恐懼症

一般認為，現代上班族的最大煩惱來自人際關係。

無論是在工作還是私生活領域，日常生活中的人際往來不可避免。因此，在乎別人的眼光不僅很正常，也是必要的。

但也有不少人，因為過度在意別人的看法而感到壓力，這類症狀稱為**「社交恐懼症」**（又稱為「人群恐懼症」或「社會焦慮症」），指太過在乎別人的眼光，導致過度害怕與人接觸的心理狀態。

有社交恐懼症的人，容易因太害怕出糗，導致言行舉止不自然，最後在人前失敗。另一方面，「過度在意別人的眼光」其實也是「過度在意別人眼中的自己」。

很多社交恐懼症都是源自於**自我意識過剩**，即擔心「別人眼中的自己」。

比方說，如果小時候曾經在別人面前出糗，那樣的經驗可能會成為**心理創傷**，導致自我意識過剩，而引發社交恐懼症。但只要多跟別人交談、累積社交經驗，讓自己習慣與他人來往，便

心理技巧

緩和社交焦慮的技巧

① 深呼吸

緊張時容易喘不過氣，因此用力深呼吸、吐氣，自然可緩和情緒。

② 傾聽別人說話

「說話必須得體」的想法只會讓自己更加緊張，所以在開口之前，先認真傾聽對方的話吧。

③ 不畏懼失敗

「必須做到完美」、「不想失敗」的想法，容易讓自己緊張而導致失敗。然而，若能放寬心，告訴自己「就算失敗也無妨」、輕鬆以對，如此便能緩和不安，因而更容易成功。

有機會改善社交恐懼症。

若想緩解社交恐懼症，第一步就是不要隱瞞，坦然說出「其實我不擅長跟別人聊天……」如此一來，心情應能輕鬆自在許多。很多不擅長與人面對面聊天的人，甚至也無法看著對方的眼睛說話。但只要設定幾個小目標，例如：看著對方的眼睛說話、微笑著說話等，在達成一個又一個**小目標**後，便能夠逐漸建立自信。

④ 建立自信

對自己沒信心是引發社交焦慮的原因之一。若想提升自信，可以從親切待人或勤奮工作做起。在逐一達成小目標後，便能建立自信。

洞悉錯覺

在人群前講話時，大家多少都會覺得緊張，但別人其實看不出來你有多緊張。

關西大學遠藤教授的實驗

請受試者於人群前說話，結束後分別詢問「說話者自認的緊張程度」，以及「聽眾覺得說話者的緊張程度」。

結果

說話者覺得自己看起來很緊張，但聽眾卻認為說話者看似不太緊張。

大家應該覺得我很緊張。
心跳
加快
她看起來
很神態自若嘛！

這種誤以為別人洞悉自己主觀狀態的心理錯覺便稱為「洞悉錯覺」（illusion of transparency）。

心理學檔案 02

關鍵字 人際認知需求

拒絕討好，提升自我肯定感

在心理學，理解和思考事物的方式稱為**「認知」**，而「別人如何看待自己」這種在意或關注他人言行的心理狀態則稱為**「人際認知需求」**。一般而言，人際認知需求越高的人，自我評價越低。

自我評價低的人大多相對消極，因此遇到問題時，不會積極設法解決，而是怨天尤人或逃避現實。

有上述特質的人由於缺乏自信，因此容易屈就自己迎合別人（即便那違反了自己的信念），導致人際認知需求高。

因為不想被別人討厭，而壓抑自己的意見和想法、討好別人，這在心理學稱為**「討好者」**（placator）。

但即便再怎麼配合別人，每個人的想法和感受都不同，不可能迎合所有人。

「別人怎麼看待自己？」「該怎麼做才不會被別人討厭？」一直在意他人的眼光，會使自己過度糾結在一件事情上。

如此一來，便無法好好地表達自己的心情和想法，成為別人

心理技巧 提高自我評價的方法

① 寫下「完成的事項」

在一天結束之際，寫下自己當日完成的工作或辦理的事情在筆記本上，即使再微小的事情也沒關係。只要不斷累積小成就感，便可以提升自我評價。

② 設定明確的小目標

一開始就挑戰大目標容易失敗，一旦失敗自我評價便會降低。相反地，設定馬上能達成的小目標，不斷累積小小的成就感、往上成長，能幫助我們維繫良好的自我評價。

眼中「沒主見的人」，無法受到大家喜愛。

落到這種情況時，心情可能會逐漸低落、痛苦，甚至對生活和工作產生負面影響。

因此**提高自我評價**，小心不要讓自己受到周遭的影響至關重要。實際上，有自己的想法和意見，比較容易獲得旁人認可。

無須成為萬事通，就算只耕耘自己有興趣的領域也無妨。最重要的是，我們有一套自己全然接受且滿意的原則和價值觀。

③ 開一人反省會

人非聖賢，任何人都可能失敗或出錯，只要不要犯下同樣的錯誤就好。因此失敗時就開個一人反省會，客觀地分析自己沒做好的地方，思考改善對策，告誡自己不要再重蹈覆轍。

初始效應與時近效應

非常在意「自己在別人眼中的模樣」的人，只要實踐兩個心理學法則，便可以獲得好印象，無須一直在意他人對自己的評價。

①留下良好的第一印象

「初始效應」指第一印象往往鮮明強烈、影響深遠。在初次見面時，打理好儀容姿態，講究禮節，便可以留下長久難忘的好印象。

真英俊！
真有型！
真帥氣！
魅力四射

②最後一刻留下好印象

「時近效應」指離開前留下深刻且長久難忘的印象。即便一開始或中途出差錯，只要最後留下好印象，整體而言便會留下正面印象。

雖然一開始覺得他怪怪的，但還是想跟他出去。
今天真開心，謝謝妳！

心理學檔案 03

關鍵字 認知扭曲

扭轉偏見的認知重建

由於認識與理解事物的方式（此心理歷程稱為「認知」↓28頁）相當主觀，因此成見可能會讓我們對事物的理解產生偏差，稱為**「認知扭曲」**（cognitive distortion）。此外，我們經常出現的**「必須式思考」**也是一種認知扭曲。

當我們對事物的認識與理解產生偏差，便容易落入**負面思考**，凡事**悲觀**。

比方說，遭到主管告誡時，便認為「主管討厭我」；當店員的對應方式跟自己的預期有落差時，便大發雷霆。

然而，對方的真實想法只有對方才知道，實際情況與個人預期有落差是理所當然的，不必煩惱「自己是不是做錯了什麼」。

不過若因認知扭曲造成極度的負面思考時，可能會讓自己凡事都只看到壞的一面。

許多情況很有可能是源自認知扭曲，如在車站或街道上，不時可見因擦撞爆發口角衝突，便是誤以為「對方是故意撞我的吧」。

要察覺自己認知扭曲並不容

心理技巧 認知扭曲及改善方法

① 全有全無思考

比方說，認為自己「竟然會犯下這種錯誤，我是個差勁員工」。這個時候請逐步切換想法成「沒有人是完美的」、「任何人都會犯錯」、「大家都從錯誤中成長，往前邁進」。

② 跳躍式結論

比方說，「我犯了錯，大家一定覺得我是個沒用的傢伙」。但一般人不會因為別人犯了錯，就認為對方是笨蛋或看不起對方。這個時候就換個想法，告訴自己會「設法改善，避免重蹈覆轍」。

③ 過度以偏概全

比方說，一旦犯錯，就放大成「總是」

易。因此，個人有意識地排除武斷的成見，並能從多元角度、不偏頗且**客觀地**看待事物便相當重要，以防自己主觀地認定事物。

雖然對自己而言是嚴格的「恐怖上司」，但那個人在別人口中可能是一位「愛小孩成痴的傻爸爸」。從不同的角度觀察對方，便有機會看到對方出人意料的一面。

總結來說，從各種不同的角度蒐集資訊，察覺人事物的多元面向的能力相當重要。

犯錯。這個時候計算犯錯的頻率，試著客觀地分析現象，便能夠跳脫以偏概全的思維。

④ 必須式思考

比方說，「進入職場工作一定不能犯錯」。然而，「必須」是種理想。在現實社會，很多時候理想未必能實現。因此不要空有理想，而是養成尋找可行解決方案的習慣。

常見的認知扭曲

除了前文介紹的四種認知扭曲（→ 22 頁）之外，另外還有六種認知扭曲，總共有十種。

⑤選擇性思考

只關注事物消極的一面，悲觀看待事物。

例「雖然有九個人誇獎我，但有一個人否定了我，我果然還是很失敗。」

⑥負面思考

一味地往消極方向思考。

例「我竟然被誇獎了，真不可思議，那背後一定有什麼陰謀吧。」

⑦誇大與貶低

過度放大缺點和失敗，低估優點和成就。

例誇大：「這麼重要的文件也會出錯，我真是沒用的人。」

貶低：「我可以做到的事，別人一定也能輕鬆完成。」

⑧情緒化推理

認定自己的想法感受會變成事實。

例「這項工作實在太難了，換其他人去做也一樣。」

⑨貼標籤

給犯下錯誤的自己貼上標籤，是極端的「以偏概全」。

例「這個考試竟然考差了，我果然什麼都做不好。」

⑩個人歸因

將各種不好的結果都歸咎於自己。

例「屬下業績不好全都是因為自己指導無方。」

心理面面觀

不安情緒來襲的時候

社交恐懼症的類型

社交恐懼症依據恐懼對象與症狀的不同，分為許多種類。正確地了解自己屬於哪種恐懼症，有助於自己找到有效的解決方案。

●**臉紅恐懼症：**在別人面前說話時，會感到緊張而臉紅，又因為在意自己臉紅，使臉變得更紅，因此容易有遠離人群的傾向。

●**出汗恐懼症：**跟人說話時，因為緊張不安而大量出汗。多汗症分為全身性多汗症，以及手腳等身體局部出汗的局部性多汗症。

●**體臭恐懼症：**害怕自己的體味或口臭給周遭的人帶來困擾而感到不安，但實際上當事人大多沒有嚴重的異味。

●**視線恐懼症：**因為在意別人的視線（他人視線恐懼症），或是擔心自己的視線會讓別人感到不愉快（自我視線恐懼症），因此不會看著別人的眼睛說話，或是避免與人接觸。

●**電話恐懼症：**自己會因「如果應對得不好怎麼辦」、「別人會不會覺得我的回應很怪」的想法而感到不安，故講電話時聲音顫抖，甚至無法接聽電話。

●**聚餐恐懼症：**跟別人一起吃飯時，因為在意餐桌禮儀和嚼食聲音等，而感到緊張、失去食慾。

●**寫字恐懼症：**在眾目睽睽的場合寫字，如於櫃台簽名或書寫黑板等，會緊張到手發抖。

有些人只有一個症狀，大多數人則會出現多個症狀，但也有少部分人是囊括幾乎上述全部症狀。

這些症狀的共通點在於，會糾結於某個小細節上。因此，請在情況進一步惡化前，儘早向身心科求助為佳。

社交恐懼症的治療方法

藥物治療

可以透過服用抗憂鬱藥物，如 Paxil 和 Depromel 等選擇性血清素再吸收抑制劑（selective serotonin reuptake inhibitor，SSRI），消除不安情緒，讓心情變好。或是服用 Depas 等抗焦慮藥物，消除極度緊張情況下的不安情緒。但部分藥物會帶來副作用，因此必須由醫師診斷與開立處方箋。

認知行為治療

此治療方法是透過改變令自己不安和恐懼的思考模式，來緩和緊張情緒。例如，用錄影等方式，客觀地觀看恐懼症發作時的自己，或是刻意挑戰自己會感到畏懼的行為或環境，來克服恐懼。

自己可以做些什麼呢？

除了上述兩種療法，我們仍可再自主改變思考方式，避免忍不住想太多的思維模式。雖然藥物能抑制湧上心頭的不安情緒，但只有自己才能調整思考方式。只要養成正面看待事物的習慣，便能夠享受日常生活。

其他類型的社交恐懼症

除了右頁提及的七種社交恐懼症以外，還有以下四種社交恐懼症。

口吃恐懼症

跟別人說話時，擔心自己講話口齒不清而感到害怕。這個恐懼症與口吃的差異在於，即便當事人說話並不含糊，也會覺得自己講話口齒不清。

身體醜陋恐懼症

明明長得不醜，卻覺得自己長得不好看。此症狀嚴重時，可能會無法外出或反覆整形。

男性／女性恐懼症

此為畏懼異性的恐懼症，多與幼兒時期跟異性的關係有關。

境遇性排尿障礙

在公共廁所或公司廁所等有旁人的地方就無法解尿。但只要空無一人，便可以正常排尿。

心理 面面觀

改善人際關係的技巧

社交技巧

職場和學校是個體的集合，因此良好的人際關係也很重要。為了在社會中建立並維持良好人際關係，所需的知識和技術稱為「社交技巧」。舉以下幾個重要的社交技巧為例：

- **理解對方的立場。**
- **試圖從對方的表情、言詞，了解對方的心情。**
- **控制情緒。**
- **努力不陷入負面思考。**
- **敞開心胸，主動與周遭的人打成一片。**
- **遵守團體中的基本規範。**

透過學習上述社交技巧，我們便能正確地理解社會情境與他人的情緒，並做出適當回應。大多數人的社交技巧，都是從小時候與父母或周遭的人的互動經驗中學習而來。不過長大之後，也能透過主動學習獲得社交技巧。

擔心自己社交技巧不足的人，可以到醫療機構或復健中心等單位接受社交技巧訓練（social skill training，SST）。

心理學用語 Check!

溝通技巧

雖然社交技巧旨在控管自己的情緒，但控制行為也很重要。比方說，「有意識地模仿對方的表情姿態，營造輕鬆聊天的氣氛」、「用表情傳達情緒」等管理自身行為，並與對方建立良好關係的技巧稱為「溝通技巧」。而做好情緒管理與提升情緒表達能力，是建立良好人際關係不可或缺的兩大技能。

第 2 章

搞定麻煩人物的人格心理學

和悠宇聊完後隔天…
池麵食品
如果妳對人際關係感到煩惱，不如就從了解人開始吧。
因為理解可以減輕不知道對方在想什麼的不安感。
因此，我決定開始試著觀察大家。
ZZZ
部長乍看之下是個溫厚老實的人，
但某些地方似乎有點消極…
嗯嗯
嗯嗯
藤崎！
驚嚇

拍桌！
搞什麼東西？為什麼會出這種錯！
你是怎麼進公司的啊？
我看你回學校重讀好了？
對…真的很對不起。
說對不起有什麼用！
你有沒有心啊？
呼ooo
那感覺是濫用職權來騷擾耶。
應該不是喝茶的時候吧？
有時部長也讓我莫名感到害怕。
部長也不說些什麼…

夠了，你回去工作！
我先告退了……
嘖
哼
怒
而課長總是脾氣暴躁……
敲
敲
敲
敲
敲
敲
敲
沉——重
唉……
嘰
新進員工
藤崎君
藤崎君總是很親切地指導我這個剛調到總務部的人。
他個性開朗，人也很好，但是……
發呆

❗有研究是從與他人之間的距離來分析人格特質，例如：無法主動採取行動的被動型人格等。請見60頁！

PM理論區分不同類型的領導特質，並分析領導行為。請見62頁！

※ 導師制度：由上司以外的資深員工，輔導新進員工的教育訓練制度。

啊
你知道嗎？
這間店曾接受時尚雜誌的採訪，最近很紅喔。
午餐總是去吃很貴的餐廳…
喔～真的喔
好厲害喔
話說，
日比野小姐有喜歡的人嗎？
眼睛閃閃發亮
退
沒…還沒有…
而且還很愛挖人的隱私…
嗚嗚…
不回答她的話，感覺就會被敵視…
竊竊私語
那孩子很糟糕喔！
然後啊，對、對，業務部的草野他啊…
碎念碎念碎念碎念
碎念
是…
是…
說到被敵視…

山根跟我是同期入職的同事。
怒瞪
退
轉身
噠噠噠
嗚…
那個，山根小姐
無視
啊！課長—
山根她好像在說妳的壞話喔。
竊竊私語
什麼！
與其說我們感情不好，不如說她似乎視我為敵人…
為什麼呢？

唉……
怒火中燒
每個都很難搞
凹嗚凹嗚
哼嗯嗯……
我觀察這麼多，
有什麼可行的對策嗎？
呼嚕呼嚕
教室
熱騰騰
熱騰騰
今天的食譜是「卡門貝爾起司烤馬鈴薯」！

哇喔喔
這道菜沒使用油且少鹽，
雖然有用馬鈴薯，但醣量卻只有少少的十六公克。
很適合當配菜或便當菜！
好酥脆，好好吃喔！
嚼嚼嚼嚼
卡滋卡滋
吃起來好滿足，卻又很健康…唔嗯，實在是太棒了！
嚼嚼嚼嚼
悠宇，
話說啊…
原來如此，
看來妳部門的人都很有個性呢。
馬鈴薯長得好像他們…
是…

好
那我們依據日比野觀察而來的資訊，
試著分類大家的「人格類型」吧。

人格嗎？

心理學檔案 04 榮格的人格類型

以下為榮格提出的八種人格類型。

榮格依據「外傾」和「內傾」兩個心理傾向，以及「思考」、「情感」、「直覺」、「感覺」四種心理功能，主張人共有八種人格類型。

①外傾思考型：
做事有效率且實事求是的人。

②外傾情感型：
積極對外交流的人。

③外傾直覺型：
敢於冒險追尋夢想的人。

④外傾感覺型：
享受人生和生活的人。

⑤內傾思考型：
深思熟慮的人。

⑥內傾情感型：
情緒起伏大的人。

⑦內傾直覺型：
喜歡奇想的人。

⑧內傾感覺型：
擁有獨特感性的人。

▶請見54頁！

還有另一種分類法，
則是「克雷奇默的氣質分類」。

克雷奇默可謂人格類型理論的鼻祖。
心理學檔案 05 克雷奇默的氣質分類
克雷奇默主張體型和氣質之間有關聯，並從體型區分出三種具有精神疾病特質的人格類型。
①肥胖型＝循環（躁鬱）氣質
善交際且個性溫和，但容易沮喪。
②纖瘦型＝分裂氣質
個性內向且神經質，不善交際。
③運動型＝黏著氣質
認真、執著，其另一面則是固執且易怒。
▶請見56頁！

儘管如今這些理論仍受到許多批評，但其分類性格的方法還是很值得參考。
嗯……
但知道大家的性格，就有辦法解決問題嗎？

人際關係的問題，也是與他人之間的距離的問題。
悠宇～～
了解對方的性格，不僅可作為拿捏彼此距離的參考，
也能因此找到與對方和平相處的方式。
但……
日比野──!!
如果對方突然暴跳如雷，感覺也束手無策啊。那好像跟性格沒什麼關係。
是啊，
所以呀，
應該熟了吧！
倒出來──
針對這點，
好燙
羅森茲維格提出了三種人格類型。

心理學檔案06 羅森茲維格的人格類型

心理學家羅森茲維格從面對失敗與衝突等挫折（欲求不滿）所產生的反應，區分出三種人格類型。

每個人有各自面對挫折的方式，羅森茲維格將面對挫折的反應整理成以下三種類型。

自責型	責他型	無責型
 都是我的錯…	 不是我的錯！	 真沒辦法。
把責任全往自己身上攬。容易責備自己，累積壓力。	個性易怒，總是將失敗或問題推給他人和環境。	不追究任何一方責任，認為自己「無能為力」。儘管不挑起爭端，但也未能解決問題。

▶請見58頁！

責他型的人會遷怒他人，因此離這種人太近，容易受跟自己無關的怒火波及。
就是課長…
腳步聲吵死了！
咚

知道對方是責他型的人，就可以採取盡量遠離對方的策略。
但有時也會有無法遠離的情況…
緊張
那該怎麼辦呢？

滑
關上
可以心想「又來了」，用看戲的心情忍一忍。
悠宇～～
拜託你認真回答啦。
啊哈哈
這也是貨真價實的心理學喔。
比方說
知道鬼屋會出現什麼的話，就不覺得那麼可怕了吧？
同理可證，只要知道對方會有的反應，便可做好因應的心理準備。
我知道等等這口井會有幽靈跑出來。
原來如此…的確很有道理。

但再也無法忍受的時候，
也可以選擇「逃跑」或是「拜託專家」喔。
身心科診所就是為此存在的。
啊哈哈
啊，那個…應該沒那麼嚴重啦…
嗶嗶嗶
啊，應該烤好了。
但…真的，有需要的時候，再麻煩你了…
嗯。
微笑
心跳

幾天後
池麵食品
開
噠
門
噠
不好意思。
是。
這是我的名片…
悠宇精神科診所
悠宇

今天前來拜訪貴公司，是想為貴司提供產業顧問的服務。
請問能與總務部的鮫島先生見個面嗎？
請您稍候一下。
好的。
長得真帥⋯⋯
！
喘
喘

果然是悠宇老師您啊！
您怎麼會…
您好
鮫島先生您好。
聽到您的名字，我嚇了一跳…怎麼這麼突然？
其實…

心理學檔案 04

你是外向還是內向的人？

關鍵字　榮格的人格類型

分析性格的方法有很多種，例如血型性格診斷等。但其實直到相當晚近的二十世紀之後才開始運用心理學深入研究性格，因此學者探究性格的心理學理論各有所異。

其中又以瑞士的精神科醫生兼心理學家——榮格，所提出的理論最為人所知。他依據**原慾**（libido）流動的方向，將人的性格粗略分成「外傾」和「內傾」兩種類型。

●**外傾性格**：善交際，和初次見面的人也能打成一片。但另一方面，遇到麻煩或煩惱時，則傾向不讓別人看到自己脆弱的一面，多獨自承受。

●**內傾性格**：害羞、怕生。但另一方面，卻擁有不受周遭影響，凡事一個人貫徹到最後的毅力。

根據榮格的理論，外傾性格的人個性**積極**，容易交到朋友，也擅長向別人推銷自己。做決定時會與別人商量，並認真傾聽旁人意見。

但依賴外在世界的傾向，使得外傾性格的人難在獨處時獲得

解說　性格特質全解讀

① 工作

外傾性格

擅長溝通且善於傾聽、表達方式淺顯易懂。這類性格的人適合擔任業務、接待或顧問等，其能直接反映良好的溝通技能到業績上。

內傾性格

比起積極行動，內傾性格者透過深入思考便能自我滿足。相對於與人接觸頻繁的行業，此種性格的人適合以機械或物品為對象的工作，例如工程師。

滿足，且不擅長面對難題。

另一方面，內傾性格的人非常不擅長與初次見面的人打好關係，但這對內傾性格的人來說未必不利。

榮格指出，相對於外傾性格的人容易受到外在世界的擺布，內傾性格的人擁有不受外在世界影響，**控制自我情緒**、貫徹理念和決定的意志力。

也就是說，無論是外傾性格還是內傾性格，都各有其優缺點，無須過度放大缺點。

只要掌握好自己與對方的性格，便能找到合適的相處方式。性格分類能夠幫助我們建立良好的人際關係。

② 社交

外傾性格

外傾性格者喜歡跟人群接觸，因而交友廣泛，但與他人的關係容易淡如水。

內傾性格

內傾性格不擅長與人相處，故只有少數幾位能深交的朋友，有些人甚至可能完全沒有朋友。

決定性格的兩種自我意識

有別於榮格的分類，心理學家費尼葛斯坦（Allan Fenigstein）依據自我意識的種類，將性格區分為「公眾自我意識」與「內在自我意識」兩種類型。

公眾自我意識

重視「他人眼中自己的樣貌或評價」。公眾自我意識高的人，在意影響自我評價的事情，並重視群體的協調性，且遵守規則。

▼

重視群體和諧的類型

髮型怎麼也搞不定～
HOBBY
哇啊啊，好想要這個喔～

內在自我意識

指的是他人無法了解的「想法」、「喜好」、「需求」、「希望」等內在意識。內在自我意識出現頻率高、次數多或優先順位較高的人，對自己的情感及其變化較敏感。

▼

不在乎他人眼光的類型

心理學檔案 05

關鍵字 克雷奇默的氣質分類

體型與性格的關係

在美國，普遍認為肥胖者無法自我管理、好吃懶做，而予以負評。但其實社會上也有個性嚴謹的肥胖者，不過我們卻容易由對方體型聯想其性格。

在心理學界，由德國的精神科醫師兼心理學家克雷奇默（Ernst Kretschmer），首先關注性格與體型的關聯，並提出體型與性格分類。

身為精神科醫師的克雷奇默從接觸許多精神病患者的經驗中發現，性格與體型有關，他依據體型將人分為三類性格。

● **肥胖型＝循環（躁鬱）氣質**：善交際、個性親切溫和，但情緒易低落、沮喪，並容易罹患躁鬱症。

● **纖瘦型＝分裂氣質**：乖巧溫順且認真，但個性內向且神經質。常被視為容易受傷、不善交際的怪人，且易罹患思覺失調症。

● **運動型＝黏著氣質**：耿直認真、重秩序、正義感強、有毅力，但有強烈的執著，且個性固執、容易亢奮並易怒。

同樣關注體型的美國心理學

解說

克雷奇默氣質分類的矛盾點

① 體型與疾病的關聯

克雷奇默將躁鬱症患者的體型，定義為肥胖型。但多數人上了年紀容易發胖的主因是新陳代謝變慢、過度飲食等，並不是因為性格改變。因此如今並不認為躁鬱症的發作，與發病前的肥胖體型有直接關係。

② 未具普遍性

與肥胖型相同，纖瘦型的人未必有分裂氣質。瘦的原因可能是本來就易瘦、不容易發胖等體質因素，或是飲食均衡、常運動的健康生活。此外，克雷奇默調查的對象為精神病患者，不具有普遍性。其調查僅統整了思覺失調症患者的性格，無法證明纖瘦與分裂氣質之間直接相關。

家謝爾頓（W.H. Sheldon），也提出與克雷奇默相近的**「體格類型學」**（Sheldon typology of constitution）。

●**內胚型：**內臟發達強壯，好社交。

●**外胚型：**感覺器官如皮膚和神經系統發達，個性敏感、神經質。

●**中胚型：**肌肉骨骼發達，個性活潑但有時具攻擊性。

但現在較有力的學說認為，人格特質所反映的生活型態會改變體型，如認真有毅力的人持續運動，而使身材結實壯碩。

克雷奇默和謝爾頓所主張的體格類型理論，亦稱為**「印象形成學說」**，於今已受到質疑。

③ 刻板式分類

一般人認為運動型者的肌肉發達、熱衷健身，但他們未必都固執易怒。明明訓練量相同，但有些人就是比較容易長肌肉。即便是纖瘦型的人，也擁有運動型的耿直認真特質，或是個性溫和。因此，這也是從刻板印象塑造出來的性格分類。

相貌心理學

除了從體格看性格之外，法國的兒童精神科醫師路易・科爾曼（Louis Corman）則從臉型分析性格。科爾曼的心理學被稱為「相貌心理學」，其以一億人的資料為基礎，依據人臉較寬的部位，將性格區分為三種類型。

①頭腦型

額頭寬大型。此類型重視思考，極為理性、擁有豐富的想像力。

②情感型

鼻子雙頰一帶寬大型。此類型情緒起伏大，善於交際。

③本能型

下巴寬大型。此類型直覺優於理性，擅長用雙手創作、天生就是藝術家的料。

心理學檔案 06

面對衝突的九種溝通姿態

關鍵字 羅森茲維格的人格類型

美國心理學家索爾・羅森茲維格（Saul Rosenzweig）依據人面對**挫折**（欲求不滿）時的反應，區分出三種人格類型。此分類關注欲求不滿的情緒所攻擊的方向。

- **自責型**：將責任全往自己身上攬。
- **責他型**：將失敗或問題推給其他人。
- **無責型**：不追究任何一方的責任。

責他型的人容易把一切都怪罪給別人；自責型的人則容易自責，因而累積壓力；而無責型的人則認為自己「無能為力」故不追究，但也未解決問題。

此外，羅森茲維格將攻擊的型態分為以下三種。

- **強調障礙型**：著重問題本身。
- **自我防衛型**：認為比起問題，對方或自己等人更重要。
- **需求為主型**：解決問題為首要任務。

羅森茲維格將以上兩種分類，排列組合成九種性格，並將其命名為**「羅氏逆境圖畫測驗」**（Rosenzweig Picture-Frustration

解說 三種類型的缺點

① 責他型的缺點

若有人每當發生問題，就把責任推給旁人，大家自然會覺得「這個人總是推卸責任」。團隊氣氛容易惡化、傷和氣。

② 自責型的缺點

與責他型相反，自責型的人總是把責任往身上扛，而不會被大家討厭。但過度自責，只要一發生問題，就容易沮喪、鬱鬱寡歡，而易於尋求心理諮商協助。

③ 無責型的缺點

無責型的人惡其意，不惡其人，他們不怪罪別人也不埋怨自己，因此沒有壓力。但責任歸屬不明，狀況始終無法改善。

Study，P-F Study）。九種性格類型如下：

① **強調障礙**（責他×強調障礙）。

② **障礙合理化**（自責×強調障礙）。

③ **忽略障礙**（無責×強調障礙）。

④ **攻擊**（責他×自我防衛）。

⑤ **自責**（自責×自我防衛）。

⑥ **容許**（無責×自我防衛）。

⑦ **依賴他人解決**（責他×需求為主）。

⑧ **努力**（自責×需求為主）。

⑨ **服從習慣**（無責×需求為主）。

比方說，類型①的人會推卸責任，且不願設法解決問題，只是不斷抱怨。相反地，類型⑤的人，則認為一切都是自己的錯，容易過度累積壓力。

羅氏逆境圖畫測驗之性格分類

當遺失重要文件而遭到指責時，依據羅氏逆境圖畫測驗的性格分類，會有以下不同的回應。

①強調障礙

明顯指出欲求不滿。

覺得好煩喔。
抓頭

②障礙合理化

讓對方感受到自己欲求不滿時，會不知所措。

怎麼辦？

③忽略障礙

輕忽欲求不滿。

這沒什麼呀。

④攻擊

反過來批評責備自己的人或事物，顯露敵意。

吵死了！

⑤自責

責備、責難自己。

都是我的錯！

⑥容許

迴避責任，並接納責備自己的人。

你說得對。
嗯嗯

⑦依賴他人解決

高度寄望別人解決問題。

咦?!
你想想辦法。

⑧努力

主動出面解決問題。

我會想辦法的。

⑨服從習慣

期待隨著時間和狀況改變，問題會自行有解方。

總會找到辦法的。
傻笑

人際關係距離學

卡倫・荷妮的人格分類

有別於榮格、克雷奇默、羅森茲維格的理論，德國精神科醫師兼心理學家卡倫・荷妮（Karen Horney）提出另一個觀點獨特的性格分類理論。

荷妮被歸類為「新佛洛伊德學派」，她雖然受到佛洛依德（↓198頁）的影響，卻也批評傳統精神分析過於男性中心主義，爾後她的理論也影響了女性主義的發展。

荷妮在精神官能症的研究中，關注人們「擁有各種欲望的真正我」與「沒有欲望的理想我」之間的心理糾葛，並從**人際交往中的距離**，區分出以下三種人格類型。

●**對抗型**：清楚自己欲追尋的事物，高度關注外在世界。對自己有信心，會積極地提出主張並採取行動，以得到自己想要的東西。個性現實且有行動力，很適合在充滿競爭的社會中生存，但是不常探求內在自我。

●**順從型**：經常仰賴外在世界，而非自己的基準判斷事物。遵守規則規範，順從社會常規和父母的想法等，努力扮演他人所期望的角色。對他人的情緒敏感、合群，很適合團體生活，但另一方面，自我評價低，容易被別人的想法和價值觀牽著走。

●**疏遠型**：即內傾型性格，習慣與人保持距離、封閉自我。比起廣泛交友，傾向與少數幾位合得來的朋友深交。避免與別人競爭，對爭名逐利沒興趣。但其反面則非常固執，不聽從他人的指揮，相當堅持自我價值觀與想法，孤傲不群。

從口頭禪分辨性格

對抗型「我、我、我」

例如「多虧有我的點子。」

對抗型的人對自己的能力有信心，為了讓自己占上風，會不時宣傳自身功勞，也喜歡講自己的豐功偉業。但做得太過頭反而讓人敬而遠之。

順從型「沒問題」

例如「只要跟大家一樣就沒問題。」

順從型的人以配合周遭為第一優先，即便有想法也不會表現出來。雖然合群，但自我評價低為其特徵。

疏遠型「反正」

例如「反正我也不能怎樣。」

疏遠型的人對自己和周遭各種事物不抱任何期待。因此經常把「反正又不能怎樣」等一開始就放棄的話掛在嘴上。

三種人格的職場特質

你的同事是對抗型、順從型還是疏遠型的人呢？

對抗型

無論面對上司或同事，都能無畏懼地表達自己意見。

為有能力的經營管理人才，升遷也快。但另一方面，太出風頭容易引來反感，因此釋放善意，可以提升對方對自己的好感。

順從型

合群，待人處事八面玲瓏不樹敵。

在傾聽團隊意見後才會表明立場的中階主管型。故被夾在上司和屬下間，易有人際困擾，而傾聽對方的煩惱能有效拉近彼此關係。

疏遠型

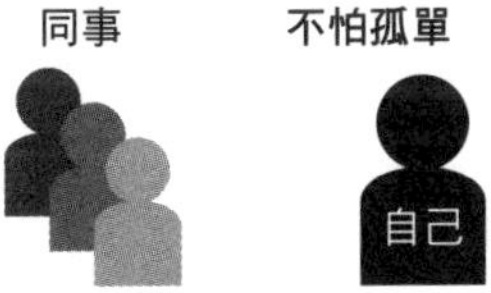

不隨波逐流，勇於表達自己意見。

屬於不媚俗、孤獨一匹狼的類型，只追求能讓自己心服口服的答案，言行穩重且腳踏實地。疏遠型性格者可藉由誇讚對方的成果以增進彼此關係。

心理面面觀

理想領導者的必備特質

PM理論

領導者並不好當，不僅要讓大家團結一致，還必須體察各個成員，帶領團隊朝目標邁進。

日本社會心理學家三隅二不二提出PM理論，主張領導者必須在嚴厲與仁慈之間取得平衡。三隅認為領導者應擁有兩項特質，分別是有效激勵成員以達成目標的**P職能**（performance function＝達成目標＝**嚴厲**），以及顧及每一位成員以維繫團體和諧的**M職能**（maintenance function＝維繫團體＝**仁慈**）。

領導能力如「帶領團隊向上提升」，能因上述兩項職能結合後，而更充分發揮。

依據P職能與M職能的強弱程度，能夠區分出不同的領導類型。

P職能過強，會變成威權型領導；M職能過強，則會變成放任主義、無法交出成果的領導。

最理想的還是PM職能兼具的領導者，但應該較難企及。領導者必須對自己不足的地方有所自覺，再設法提升該方面的能力。

心理學用語 Check!

勒溫的領導類型

美國心理學家庫爾特・勒溫（Kurt Zadek Lewin）將領導分為三種類型。第一種為獨裁式領導，一切由領導者裁決；第二種是民主式領導，領導者協助成員間進行討論、共同做出決定；第三種為放任式領導，領導者不參與屬下的決策，由部屬各自進行判斷、採取行動。勒溫認為，就決策過程而言，民主式領導的效率最佳。

第3章

處理人際煩惱的勇氣心理學

今天要帶大家做高野豆腐披薩！
披薩是起司的代表性佳餚…
花形烹飪教室
但今天我們要用高野豆腐取代一般的披薩餅皮，
做出來的披薩不僅健康，而且很美味喔。
喔喔喔…不使用麵粉和米粉的披薩！
超適合限醣中的我耶！

用廚房紙巾，
擠出泡過水的高野豆腐的水分…
壓
壓
真舒服耶!!
唰
那個
悠宇，話說…
壓
在那之後，我依據悠宇教我的東西，試著分類公司同事。
不錯喔。
方便的話，請跟我分享妳的觀察結果吧。

好的！
出現
青木部長……
戳
戳
很像**克雷奇默氣質分類**的循環氣質（→56頁）。
個性溫和，但也有陰沉的一面。
嘶嘶嘶
然而……
大發雷霆
喝茶——……
部長竟然可以無視周遭到那種程度，感覺他還有更不為人知的陰暗面。

拿起
藤崎他，
很難用克雷奇默的氣質分類來歸類。
都是我的錯
不行了
唉
嗚嗚…
但是從羅森茲維格的人格類型（↓58頁）來看，他似乎屬於自責型。
接著是濱村組長，
呵呵
日比野！這個是急件！拜託妳了！
咦…這個。
跑——走
厚厚一疊
雖然她很照顧人，卻很強勢且八卦。

就榮格的人格類型（↓45頁）來說，她應該是外傾情感型。
而且個性強硬
跳
跳
跳
跳
跳
然後，鮫島課長…
搞什麼東西！
嚇一跳
這個格式沒辦法用啊！
就不能按照範本好好做嗎？
真是的！
嘮叨
他應該是情緒起伏大的內傾情感型…
感覺也有點黏著氣質

而且也有**責他型**（↓48頁）特質。
壓
壓
最後，
但他究竟為什麼脾氣這麼暴躁啊？
壓
壓
蔬菜會壓壞的……
怒
山根她應該是外傾思考型，
怒瞪
同時也有**分裂氣質**（↓46頁）。

但似乎只針對我的樣子……
也是，
這也切太細了……
咚咚咚咚咚咚咚
不過，那都只是我的猜測啦。
有些性格的確無法被分類。
但是
課長似乎讓妳相當困擾對不對？
嗯
沒錯！
你有沒有什麼辦法啊？
用心理學
給他致命一擊……
致命一擊
致命一擊……
是沒錯啦……

但是在改變別人之前，有一件很重要的事必須做到。
？
想改變世界，
嗶
想改變世界，就必須先改變自己。
就必須先改變自己。
我必須先改變？

喔喔，不用想得太複雜喔！
在增加了與心理及性格相關的知識後，妳應該變得比較了解同事了吧？
我們來洗菜刀吧
藉由增加知識，學習❗溝通的方法，可以解決許多人際關係的問題喔。
原來如此。
而且光是改變別人，
大多數的情況都不會獲得改善。
是喔？
流水聲
心理學家阿德勒認為，比方說，
內心的問題不是因為「原因」（如過去的心理創傷）而引發，而是由「目的」所引起的。

❗比方說，讓別人對自己有好感的「鏡像效應」。➡請見88頁！
另外還有許多不同的溝通方法。➡請見90頁！

心理學檔案 07 阿德勒的心理學

阿德勒認為「所有的煩惱都源自於人際關係」，相對於過去佛洛伊德學派的「事出必有因」心理學，他主張人是依據目的而行動。

阿德勒的逆向思考，對傳統的心理學投下了一顆震撼彈。

過去心理學對心理運作機制的看法

碰咚
原因
好痛
結果
嗚啊啊
反應

哭泣的原因

＝心理與身體（霸凌）的疼痛所致。

阿德勒的理論

孤單
原因
想受到關注…
目的（內心渴望）
嗚啊啊
結果

哭泣的原因

＝期望獲得大家的關注（目的）。

▶請見82頁！

儘管如此
被霸凌的孩子哭泣不是理所當然的嗎？
是呀。
但是，為了讓被霸凌者停止哭泣，而懲罰欺負人的孩子，未必能解決問題。
之後，小朋友可能會因此被欺負得更嚴重。
噢～嗯
的確是…

所以，阿德勒認為，哭泣不是源於「被欺負」這個「原因」，
嗚啊啊
而是必須把焦點放在「希望大家可以注意到自己受到不恰當的對待」、
「渴望得到大家的關注」等「目的」上。
接著，再與對方一起思考——
為達到目的，那個行為是否恰當，
你想怎麼做？
或者評估是否需要伸出援手。
那樣做會讓人覺得對方真的是為自己著想耶。
是不是。
微笑
結交到真心的夥伴，應該會覺得很開心吧。
嗶嗶

喔喔！
感覺好好吃喔！
哇——
好香喔
好，我們開動吧！
大口大口吃
零醣卻能做出這麼好吃的披薩…
太幸福了～
高野豆腐竟然也可以做成像樣的披薩。
嚼嚼啊
然後呢，悠宇？我們繼續剛才的話題吧。
對對對。

之所以不關注「原因」，主要是因為人「無法改變過去發生的事情」。
畢竟煩惱無法改變的事情，也無法解決問題啊。
舔
嗚
你…說得有道理…
同樣地，改變他人並不容易。
人際關係的問題之所以複雜就在於，我們希望別人按自己的意思行動，因此試圖改變他人的想法，使得彼此關係惡化。
你為什麼不照我的想法做？
嗯——
所以…才要改變自己啊。
好，
我們如果用阿德勒的理論來分析日比野小姐的情況，
「上司脾氣暴躁讓人不愉快」的情緒可謂源自「不想跟上司溝通」這個目的。
!
是我的錯嗎？
哎呀，先別急。

比方說，如果把目的改成「想跟上司報告工作進度」，
這樣一來，不就會留意報告的時機了嗎？
現在他的心情好像…
嗯，的確沒錯…
就像前面提到的，因為大腦有「鏡像神經元」，使我們無可避免地會受到他人情緒的影響。
但也不必隨之起舞。
只要改變想法和行為，自己就會有所轉變…
世界也會逐漸發生變化喔。
世界…發生變化…

是的！
改變自己，就可以改變世界。
不要一股腦想著要怎麼改變別人，
只要改變自己的想法和行為，說不定就可以解決問題。
這樣啊……
沒錯！
唔～～嗯
但問題真的有辦法解決嗎？
日比野的首要之務，應該是提升「自尊感」吧。
自尊感？
換句話說，也就是自尊心啦。

任何人都會希望自己的性格和能力可以獲得別人的肯定，這就叫做「**自尊感**」。

心理學檔案 08 自尊感

自尊感越高，對自己越有信心，也越積極向上。自尊感是生活在團體社會中相當重要的感受之一。不過自尊感過高也會產生問題。

加班
不得要領
轉身
不受異性歡迎
不善表達
那個…
這個…
吵死了！我才是最正確的！
那是錯的。

當自尊感過低時…

容易只關注缺點而情緒低落。

當自尊感過高時…

容易變得自我中心。

▶請見84頁！

此外，妳似乎也覺得組長有點令人困擾…
嗚嗚…
有個技巧可以幫助妳說出難以說出口的話喔。
喔？
叫做…
「**自我肯定**」技巧，能幫助妳巧妙地拒絕別人。

心理學檔案 09 自我肯定

自我肯定型拒絕指在拒絕別人的要求時，能同理他人的立場，並清楚表達自己的想法。此溝通技巧既尊重別人，也明確提出自我主張，能聰明地拒絕他人。

藉由「自我肯定」，即便碰到難以拒絕的事情，也能夠高明地婉拒。

拒絕他人要求時的三種型態

非自我肯定型／被動型（抹殺主張式反應）	攻擊型（攻擊式反應）	○ 自我肯定型（自我主張式反應）

不想惹事找麻煩，總是默默承受，因而累積龐大的壓力。	只是強烈提出個人主張，並未換位思考，人際關係容易因此惡化。	尊重對方，並明確說明自己的狀況。此種拒絕方式能避免引起衝突。

那就拜託你了喔。
好的⋯⋯
可是我手上已經有一堆工作⋯

什麼？我沒辦法啦！
啥？妳以為妳是誰啊！
怒
不行不行!!

很抱歉，雖然我很想幫忙，但我手頭上〇〇的案子實在是太忙了。
這樣啊，那沒關係啦。

▶請見86頁！

雖然必須「體諒別人、態度禮貌」，但「明確拒絕」是重點喔。
NO
此外，清楚說明理由，並提出替代方案也很重要。
原來如此！

這我應該也能做得到！
加油！
哎呀
他們兩位，
喔呵呵
氣氛好像很不錯喔？

心理學檔案 07

關鍵字 阿德勒的心理學

課題分離斬斷人際難題

坊間有很多暢銷書都打著「運用心理學隨心所欲地操縱別人」的名號。

但無論是運用哪種心理學技巧，基本上都不可能讓對方按自己的意思徹底改變。

奧地利心理學家阿德勒，將自己的心理學命名為「個體心理學」。他指出即便改變他人，問題也不會消失，因此主張**「課題分離」**。

他認為**「人的所有煩惱都來自於人際關係」**，因此明確地劃分自己和別人的課題，不要干涉他人的課題相當重要。

同時，阿德勒也認為，**推動人的情感和行動的是「目的」，而非「原因」**。

他的主張有別於傳統心理學，即主張人的情感和行為是由某個原因所引起，因此阿德勒的理論被稱為**「目的論」**。比方說，在職場上之所以會萌生各種負面情緒，可能是源自「不想跟麻煩的上司扯上關係」這個目的（希望）。

從阿德勒的心理學來看，對方怎麼看待自己、有何反應等，

箴言 阿德勒的名言佳句

阿德勒留下了許多名言佳句，那些金句完美體現了他的核心理念。以下介紹幾個名言給大家。

① **「不是因為一時氣昏頭而大發雷霆，而是為了支配對方，創造並利用名叫憤怒的情緒。」**

這句話體現了阿德勒的「目的論」。人之所以感到突如其來的憤怒，並非因為對方說了討人厭的話（原因），而是為了控制眼前的對象才憤怒（目的）。

② **「即便別人說你的壞話、討厭你，也沒什麼好在意的，因為對方如何看待你，那是對方的課題。」**

這句話呈現了阿德勒的「課題分離」概念。別人如何評價自己，那是別人的課題，不是自己的課題。因此在這個概念下，不受他人的評價影響，自己做決定相當重要。

全都是對方的課題。與其過度在意別人，阿德勒認為重視自己的課題與情感，積極地面對自己才是最重要的。

阿德勒的個體心理學的著重點在於，不要被對方的情感和行為所影響，而是要**為自己而活，為了自己而採取行動才是最重要的。**

阿德勒當然不是提倡「獨善其身」，而是建議我們去思考，如何不試圖改變他人，透過自己的行動貢獻他人。他主張，正視自己的課題，能改善自己與他人及團體之間的關係。

---

③ 「不知該如何判斷時，以全體的利益為優先就對了。夥伴比自己重要，社會整體比夥伴重要，如此應不會做出錯誤的判斷。」

這句話代表了阿德勒的「共同體感覺」概念。他認為人對社會等共同體有歸屬感，我們應該為了夥伴，甚至是整體社會採取行動，一同摸索通往幸福的道路。

阿德勒的目的論

阿德勒主張，人表現出來的情緒並非「單純的結果」，而是「源自某種目的」。其主張可以用下面的例子來說明。

母親對孩子發脾氣的理由

傳統心理學

母親「因為孩子不整理東西」，而感到憤怒。

阿德勒心理學

「生氣」是源於「為了讓孩子聽話、整理東西」這個目的。

如上述例子，阿德勒心理學認為，憤怒（情緒）背後一定存在目的。雖然有些感受就連自己也難以察覺，但只要了解情緒背後的目的，與人相處時就不會被對方的情緒影響。

心理學檔案 08

肯定自我價值

關鍵字 自尊感

人會無意識地藉由肯定自己的存在價值，讓內心盈滿充實滿足感，這種自我肯定感稱為**「自尊感」**（self-esteem）。

為了肯定自我，人有深入了解自己、掌握自我能力的需求。

其中最常見的就是，拿自己去跟別人比較，藉著評價自我來獲得滿足。而在意考試排名就是個好例子。因為藉由肉眼可見的形式，了解自己的定位，能讓人感到安心。

然而，即便名次相同，看法也因人而異。自尊感越高的人，對自己就越有信心，心態也越積極向上。

另一方面，低自尊的人，比起往上爬，反而傾向跟比自己差的人比較。

高自尊的人，大多跟比自己優異的人比較，朝向更高難度的目標努力、向上挑戰（**向上比較**）。而低自尊的人，喜歡跟表現比自己差勁的人比較，藉此保護自己的自尊感（**向下比較**）。學者稱此種比較心理為**「社會比較理論」**（social comparison theory）。

心理技巧 提升自尊感的訣竅

以下方法能幫助低自尊者提升自尊感。

① 發揮所長

低自尊的人容易過度在意自身缺陷，因此藉由做自己擅長的事情，獲得他人肯定，增加「原來自己很厲害」的經驗，便能恢復自尊感。

② 親切待人

親切待人以增加他人感謝自己的機會。當「自己對他人有貢獻」的感受瞬間增加時，便能平衡過低的自尊感。

③ 大方接受讚美

即便被誇獎、受肯定，低自尊者容易過度謙虛，認為「自己沒那麼好」。然而若要提升自信心，關鍵在於提高自尊感。就這點來看，可能會以為向上比較相對積極，因此比較好，但實際上向上比較也有其缺點。

當比較的對象比自己的地位高太多、難度過高時，不但無法提升自尊感，反而會增加對自己的不滿，致使內心受挫。

理想太高，有可能會讓人遲遲無法面對現實。有時也會令人陷入「自己還不夠努力、沒在努力，所以才達不到理想」的心理，需要多加留意。

只要大方地接受讚賞，相信別人是真心地稱讚自己，便能夠察覺自身價值。

④ 回顧成就

寫下自己過去的成果。然而，自己看過往功績可能會覺得不足掛齒，所以請把寫下來的成就一覽表，拿給你信任的人看。從別人的角度來看，你可能成就了非常了不起的事。

自尊感與自戀的差異

自尊感和自戀都是自我肯定的形式，乍看之下兩者相似，但實際上它們截然不同。

高自尊的情況

我就是我，不用在意別人的看法。
他根本就不行！
自尊高

自我價值不會因為別人的評價而有所動搖。

高自尊的人，即便遭到旁人批評也是欣然接受，不會讓批評影響到自我價值。因為他們知道人有優點也有缺點，擁有那些優缺點的自己是有價值的。

高度自戀的情況

轉來轉去
我到底有沒有價值啊？
好厲害！
是嗎？
自戀程度高

當別人對自己的評價不一時，自我價值會因此動搖。

高度自戀的人，容易因為旁人給予自己好評，而認為自己是有價值的。但當別人予以負評時，自我評價就會馬上下降。

心理學檔案 09

關鍵字 自我肯定

不得罪人的聰明拒絕技巧

任何人都會因拒絕別人而倍感壓力，而這是受到「我這樣會不會讓對方不愉快？」的心理作用影響。

但明明忙不過來了，卻接下別人的委託，導致壓力倍增。

這時需要的是給別人留下良好印象、聰明拒絕人的方法，且過程中不會讓對方感到不愉快，又能堅持自己的主張。這個聰明拒絕別人的技巧為**「自我肯定」（自我主張式反應）**。具體來說，拒絕的步驟為：

①拒絕前先留有緩衝空間，例如說「感謝你的賞識，但是……」、「我真的很想承接，但是……」

②接著說「真的非常抱歉」，明確地拒絕。

③然後說明理由，如「現在因為○○的案件，實在是忙不過來……」、「很不巧今天待辦事項太多……」讓對方了解你不是不想做，而是身不由己無法接下計畫以外的工作。

④最後提出具體的替代方案給對方，「明天的話我有空……」、「可以先讓我把手

心理技巧

實踐自我肯定的主張技巧

除了前文介紹的表達方式之外，以下再介紹四個表達主張的方法。

① 用我當主詞

以你作為主詞，聽起來像在質問對方，因此用我當主詞為佳。

×「你報告遲交讓我很困擾。」

○「若能早點拿到報告，真的是幫了我大忙。」

② 傳達情緒

除了講述客觀的事實，在表達主張時放入「幫了大忙」、「機會難得」、「難過」等情緒，能預防彼此對立。

上這個工作先處理完嗎？」

只要能像上述列舉說法一樣表達清楚，對方就會理解你是有意願的，只是現在很不巧你無暇幫忙。對方不但能接受你的拒絕，而且也不會留下壞印象。

相反地，**非自我肯定型反應**未能明確表達自己的主張，默默接下別人委託，卻只會讓自己變得更忙碌、累積壓力。而「不行！我做不到！」等沒說明理由就拒絕對方的**直接攻擊型反應**，則會讓對方感到不愉快。

此外，沒有明確表達拒絕之意，而是擺臭臉或模糊回應的**間接攻擊型反應**會讓對方感到困惑。

③ 好好拜託

即便那是對方的職責，也用「能麻煩你〇〇嗎？」、「能拜託你嗎？」等語氣請託，對方心境也會有所改變。

④ 正向表述

即便遇到做不來的急件，也不以「明天根本不行啦！」等否定句回答，而用「後天下午可以嗎？」等肯定句回覆。

不同自我主張類型的對應方法

自我主張有三種類型，我們可以藉此將人分門別類，並分出對方的所屬類型，再採取不同的方法因應。

①直接攻擊型反應

想到什麼就說什麼、嗓子大，且堅持己見、主張強烈。存在著「希望一切都按自己的意思走」這種有點幼稚的心理層面。

▼

此種類型的人容易擔心別人覺得自己很自私，因此事後傳達你對他的看法，能讓對方安心。

②非自我肯定型反應

因為太過在意對方的想法，容易「一味忍耐」地壓抑自己的情感和需求，也稱為被動型反應。但壓抑過頭，可能會情緒爆發。

▼

這種類型的人大多態度消極，因此了解對方的想法，可以增加對方對自己的好感。

③自我肯定型反應

了解並接受自己和對方的一切，誠懇、直率地表達自己的情感和需求。此外，對待他人的態度，不會因地位不同而有所改變，人際關係處於平衡狀態。

▼

配合對方自我肯定的反應，回以尊重他人的言行舉止，能因此建立起信賴關係。

學會介於攻擊型（①）和被動型（②）中間的自我肯定型拒絕法，能和別人相處得更融洽。

心理面面觀

好感行為學

鏡像效應

我們容易對與自己相似的人產生好感，這種心理作用可以用**相似性或共時性**（synchronicity）來說明。

比方說，我們容易跟價值觀相近的人聊起來，或與行為模式相似的對象相處融洽，產生親切感。而且因為不需要配合對方，相處起來輕鬆沒壓力。

科學已證實，**神經語言程式學**（neuro-linguistic programming，NLP）有助於溝通。而其中**「鏡像」**（mirroring），便是運用了人容易對行為相似者產生好感的心理技巧。簡單來說，就是模仿對方的動作。

比方說，在商務會談時，配合對方喝茶的時間點，自己也喝口茶。模仿對方的動作，讓兩人行為同步，對方很有可能會在無意識中對你產生**好感**。

與有好感的對象在一起時，人本來就會無意識地做出跟對象相同的動作。鏡像效應則是反過來利用這個心理，**刻意地模仿對方，提升對方對自己的好感度**。

但如果太露骨地操作此技巧，可能會帶給對方不愉快的感覺，讓對方以為「這個人是看不起我嗎？」因此必須多加注意。

不需要分秒不差地鏡像模仿他人，即使模仿的時間點稍微遲了些也有效果，因此模仿時盡量以動作自然為佳。

為了能行雲流水般地模仿對方，必須學會仔細觀察對方，用不惹人厭的方式模仿。想建立良好的人際關係，「好好觀察、了解對方」的重要性自然不在話下。

鏡像效應的實踐技巧

尋找共同話題

為鏡像效應的一種，幫助我們炒熱與初次見面對象聊天的氣氛。也就是說，藉由詢問對方的出身地、工作、家庭背景、興趣等，找出彼此的共同點。透過強調共同點，能夠發揮鏡像效應的效果。

做出與對方相同的反應

對方笑的時候，就跟著笑；對方難過時，也跟著做出難過的表情。同理對方的情緒是非常簡單的鏡像技巧，卻能夠帶給對方無比的親切感。

配合對方的動作

對方翹腳時，自己也跟著翹腳；對方喝飲料時，自己也跟著喝飲料。這是讓對方在無意識中對自己產生好感的方法，但請注意不要模仿得不自然。

鏡像效應對話版——「同步技巧」

我們也可以將模仿對方的動作，增進對方對自己的好感的技巧應用於對話上。比方說，原封不動地模仿對方的說話方式、說話速度、說話內容等，此稱為「同步」（pacing）技巧。

①配合對方的話速　②講話音量與高低　③重複對方的語句

對方
快
慢
快
慢
自己
對方
好厲害喔～
真的耶～
自己
對方
披薩好好吃喔。
披薩真的好吃耶。
自己

只要將上述技巧運用在對話裡，便能夠讓對方覺得「這個人好像跟我合得來耶」。

心理面面觀

超親和溝通心理技巧

NLP技巧

鏡像效應是**NLP**（→88頁）眾多技巧當中的一種。NLP是一門關於人心與溝通的學問，它能幫助我們快速與他人建立心意相通的**投契關係**（rapport）。

除了鏡像效應以外，還有其他各種NLP技巧。

比方說，配合對方說話速度、音量、呼吸節奏的**「同步技巧」**；藉由姿態、表情、音調、肢體動作等非語言訊息，看透對方心理狀態的**「觀察度測法」**；當對方說「我好難過」時，就回覆「這樣啊，我知道你很難過。」等複誦對方語句的**「回溯法」**。

運用上述NLP技巧，可以發揮各種不同的功效，而每一種技巧都能使我們與他人的溝通更加圓滑，並建立信賴關係。

此外，學會上述NLP技巧，不僅可以改善人際關係，也能學習控制自己的想法與情緒，不會輕易受到負面情緒的控制。

心理學用語 Check!

反投契

反投契（anti-rapport）指的是信賴關係崩解的狀態。即便是已經建立起信賴關係的對象，一旦讓對方感到「遭到無視」、「被看不起」、「受到否定」、「被敵視」、「被騙」、「被疏離」，長時間建立起的信賴關係也可能因此瞬間瓦解。一旦淪落到這種狀態，即便自己的主張再怎麼有道理，對方也聽不進去，因此必須多加留意。

第4章

打動人心的溝通心理學

日比野，
妳今天沒有帶便當對不對？
我們一起去吃午餐吧。
啊！
站起來
好的。
最近車站前，新開了家健康養生餐廳喔！
是喔～

凝視
吃什麼好呢
之前我想說一邊觀察大家，一邊改變自己。
但差不多是我主動出擊的時候了。
花形烹飪
話說，日比野今後打算怎麼做呢？
咦？
是想跟大家打好關係？
還是保持適度的距離，一個人靜靜的就好了呢？

像這樣對外宣示目標的行為稱為「公開承諾」。請見18頁！

首先是，「自我呈現」。
堅定貌
自我呈現？

心理學檔案 10 自我呈現

「自我呈現」就是刻意地向對方宣傳自己，希望藉此讓別人看見自己想呈現的樣子。
我是這樣的
悠宇

自我呈現指透過操作形象，讓別人對自己產生符合自身期望的印象。而依據所欲呈現形象的不同，自我呈現可分為五個種類。

①行銷自己，即「自我推銷」
我的個性積極，是個一步一腳印、踏實努力的人！
但其實我沒有想太多，除了念書也沒有其他專長。
②用恫嚇的方式讓別人臣服於自己，即「脅迫」
你就是這樣，所以才這麼沒用！
我跟部長不同，我是個嚴格的人，給我乖乖聽話！

自我呈現的策略除了①「自我推銷」、②「脅迫」之外，還有③「逢迎」、④「模範」、⑤「懇求」。

▶請見110頁！

也就是說，❶希望給別人留下自己所期望的印象。
「無作為」也算是一種自我呈現喔。
？

❶希望自我價值獲得認可的需求稱為「認同需求」。請見116頁！

因為不想被對方討厭，所以不給任何意見，
而是扮演安靜聽人抱怨的角色⋯
那傢伙啊！
是喔
這也算是一種自我呈現喔。
心跳
！
過去被組長的氣勢壓過，只能扮演傾聽的角色⋯
但藉由調整自己的想法和行動，是可以改變現況的！

唉
話說課長今天也是低氣壓…那個人有好心情過嗎？
怎麼有辦法每天都這樣啊，脾氣這麼暴躁…
低氣壓
碎念
碎念
他是不是家庭生活過得不太好啊？
嘆氣
！
這是轉移話題的好機會！
那個，組長。
啊！
嗯？

有別於課長，組長跟先生的感情應該不錯吧？
咦，我嗎？
嗯——
我們感情是不差啦…
但是像我們相處這麼久了，關係早就像空氣般沒感覺囉。
話說日比野最近如何呀？是不是有不錯的對象呢？
眼睛發亮
嗚
竟然反過來問我的私生活…
既然如此！
應該說老樣子嗎…
都沒遇到什麼好對象耶。

對象…
啊
心跳
……
但是啊！
我最近去上烹飪教室，學起司料理很開心。
烹飪教室？
我之前有跟您說過，我對烹飪有興趣吧？
咦，嗯嗯…
雖然那是剛調到總務部，被組長挖私生活時說出來的…
上烹飪課很紓壓。
雖然我便當要做不做的
還有一種可以影響對方的策略…

試試看「自我揭露」，誠實地與對方分享真實的自己。
對方的反應一定也會有所變化。
是喔……
這樣啊！
她願意聽我說話！
做出來的菜真的很好吃～
我一直以來都是扮演傾聽的角色……
但藉由自我揭露，應該可以變成互動式對話？

心理學檔案 11 自我揭露

不隱藏、沒有目的地與對方分享自己的資訊，對方也會跟你分享他自己的事情。

「自我揭露」就是向對方展現真實的自己。

我最近迷上神社巡禮。
是喔，我興趣都維持不久，瑜伽也是學一下就停了。

- 互惠原理有助於溝通。
- 講自己的興趣，對方也會分享他的興趣。
- 聊自己的家庭，對方也會分享他的家庭。
- 當聊天話題越來越深入時，對方自然也比較容易分享他的內在。

▶請見112頁！

喀嘟
日比野妳果然也有不少壓力呢。
啊，請幫我保密，別跟總務部其他人說喔。
嘿嘿
這當然囉。
哈哈哈
話說，妳別一個人煩惱，如果我能幫上忙的話，隨時都可以找我商量喔。
好的
謝謝您！

老實說，組長也是我壓力來源之一⋯
啊哈哈
但組長果然不是什麼壞人！
嗯嗯
話說⋯
課長有家庭和全職工作，又擔任主管，還要做家事應該很辛苦吧？
嗯？
尤其是做菜很辛苦嗎？

雖然我不像日比野這類去上烹飪課的人一樣那麼會料理。
但是我做菜盡可能不偷工減料喔。
來了
自我揭露的「互惠原理」發揮作用了！
起勁
請問您的拿手菜是什麼？
拿手菜呀…
啊

糟了！聊得太開心，都忘了時間。
午休時間要結束了。
急忙
站起
真的，慘了！
謝謝惠顧！
我們家的人應該最喜歡青椒鑲肉吧…
嗯嗯
喔，感覺很好吃耶！
我小時候不喜歡吃青椒，但現在很喜歡！
我們家小朋友也不喜歡青椒，但多虧這道菜，他們變得願意吃了呢。
我有意識地運用了「開放式問題」這類對話技巧！
感覺蠻有效的…

心理學檔案 12 開放式問題／封閉式問題

與棘手對象聊天的技巧。

想拉近彼此距離、炒熱對話氣氛，提問方式相當重要。

運用下述四個有效的聊天技巧，有助於我們聊得更深入與熱絡。

封閉式問題

妳跟先生的感情應該不錯吧？
我們感情不錯喔。

提出「是或不是」這類二擇一回答的問題，能輕鬆釐清對方的想法和事實。

開放式問題

妳的拿手菜是什麼？
我擅長燉煮類的菜，但我家人比較喜歡…

回答可自由發揮，容易反映出對方的特質。

書擋效應

嗯嗯，然後呢？

將身體往前傾，聆聽對方說話。

開放姿勢

手腳敞開，呈現放鬆姿態。

▶請見114頁！

噠
池麵食

我有推薦的食譜！
……
嗚
是山根小姐…
快速走過
嘖

她……
對我咂嘴……
啊
山根，業務部DM的事情已經處理好了嗎？
是的，已經處理好了！
笑容滿面
真是幫了大忙。
別這麼說。
……
組長她沒聽到剛才的咂嘴聲嗎？

沮喪
唉——……
山根小姐…
嗚～嗯…
山根小姐那一聲嘖，
彷彿對剛才我與濱村組長的融洽對話潑了一大盆冷水。
唉…

吼哼哼…
雖然不知道為何山根小姐這麼討厭我，
但是，
用力搖頭
我不會低頭的
與山根小姐相處融洽的那一天，
一定會到來…

心理學檔案 10

塑造自我形象的魅力學

關鍵字 自我呈現

透過操作自我形象，讓別人心中留下符合自己期望形象的行為叫做**「自我呈現」**（self-presentation），即「希望別人這樣看自己」。

比方說，考試前說「我都沒準備」這種**「自我設限」**（self-handicapping）的行為，是為了給別人留下「我只要認真念書，就可以考到好成績」的印象。而說「工作好忙，每天只能睡三個小時」，這並非要強調自己睡眠不足，有可能是為了給人「我很能幹，所以被委託大量工作」的印象。

從上述例子可知，自我呈現除了用語言表述之外，也能用態度表示。

比方說，上司大罵屬下也屬於一種自我呈現，展示「自己有能力讓別人聽從自己」。

另一個自我呈現的例子，則是利用別人的權勢名聲，如「我有朋友是藝人」，藉由攀關係來提升自己的地位。

此外，也有研究顯示，女性在有魅力的男性面前，食量會變很小。這也是「不想讓對方覺得

注意事項

管理自我形象的三大要點

① 避免吹牛過度

自我呈現是為了給人留下良好的印象，因此說話多少可能會「灌水」。但吹牛吹太大，言行相悖容易被戳破。

② 避免差異過大的自我呈現

比方說，因場合或對象不同，尤其是面對同性或異性，而有極端不同的自我呈現。自我呈現差異過大的情況不時可見。然而，針對異性過度自我呈現，大多容易樹敵、被同性討厭。

我很會吃」的心理在無意識中發揮作用，為展現自己是「小鳥胃女子」的自我呈現例子。

如上所述，只要是「向別人展現自己期望的形象」，即便是無意識的行為，仍屬自我呈現。

但希望大家注意，若過度自我呈現，就算是無意識的行為，也會讓人倍感壓迫。若**過分塑造自我形象**，當該形象和日常的自己差異太大，別人可能覺得你表裡不一。

另一方面，若對方說話時用「我」、「如果是我」作為開頭，就是對方在自我呈現的訊號。那時請用心傾聽、認同對方，如此應能增進對自己的好感度。

③ 避免極端的自我呈現

就管理自我形象來說，減肥也算是自我呈現的一種。但是一廂情願覺得「瘦就是好」而減肥過度，反而可能危害健康。此外，減肥過度容易毀損形象，要多注意。

自我呈現的類型

自我呈現的方式會因為人、場合、情境而有所不同，但基本上可以分為以下五種。

①自我推銷

藉由展示自己擁有的能力或過去引以自豪的成就，讓對方認為自己有價值。

②脅迫

利用威脅手段以影響對方。

③逢迎

強調自己能提供對方好處，試圖得到對方讚許。

④模範

讓自己表現得像模範人物，以獲得他人尊重。

滴答
滴答
黃燈就止步！
立正
咦
快點啦

⑤懇求

顯現自己脆弱的一面，以博取別人的同情、幫助或利益。

心理學檔案 11

關鍵字 自我揭露

敞開心胸，拉近彼此距離

「自我呈現」（↓110頁）指「塑造良好形象」。相對於此，**「自我揭露」**（self-disclosure）大多是針對某個特定的對象，**無論好壞都毫不隱藏地坦露真實的自己**。

由於「對方給予了自己什麼，自己也想回饋對方」的**互惠原理**發揮作用，因此自我揭露能有效消除對方的戒心。當我們收到禮物時，認為自己「必須回禮」，也是基於此心理作用。

「吐露心聲」也能帶來相同的效果。當一方分享了關於自己的事情，**對方自然也會想回饋同等的資訊**。

比方說，聊到興趣時，對方就會分享自己的興趣；聊喜歡的食物時，對方也會回饋自己喜歡的食物。

如此一來，透過分享自己的事情，與對方交換資訊，能讓雙方更加了解彼此。若上述過程反覆多次，能使彼此關係變得更親密，溝通也更為順暢。

也就是說，重點在於，**如果希望對方能敞開心胸，自己便必須先積極地打開心中那扇窗。**

心理技巧

好感提升攻略

① 初次見面的話題不宜深

與初次見面的人聊天時，自我揭露能有效拉近彼此距離。但忌諱一見面就聊太私密的話題，而是先聊興趣等盡量不引人反感的輕鬆話題。

② 回饋他人的自我揭露

當我們自我揭露時，對方會回以同等的資訊。因此對方自我揭露時，我們當然也要給予回饋。當對方問到「我選擇○○，你呢？」即便是有點難以回答的問題，也請盡可能誠實地回答對方。

③ 加溫愛情的自我揭露

談戀愛時，了解彼此並建立信賴關係很重要。當我們積極地自我揭露，會因為若能有意識地使用自我揭露技巧，讓對方吐露心聲，自己不但能主導對話走向，也更容易取得資訊。

當然，一次吐露太多事情會嚇到對方。此外，若談論太沉重的話題，一旦對方產生戒心，對話就到此結束了。因此自我揭露不能躁進，必須**循序漸進**。

自我揭露應該先從閒聊開始，彼此交換資訊，逐漸拉近彼此的距離為佳。

互惠原理而更了解對方。

④ 話題卡住的解方

有時候會遇到自己已自我揭露，但對方卻沒有回饋的情況。那有可能是雙方並未建立起互惠關係，或是碰觸到對方不想談的話題。這時就切換到輕鬆的話題，重新建構彼此的關係。

好感的心理回饋機制

互惠原理指「以其人之道，還治其人之身」。因此藉由自我揭露，向對方呈現真實自我，能引導對方吐露心聲。

互惠原理

當施惠對方，對方自然想予以回饋，這是人的基本心理機制。

基本心理機制

施人恩惠

(小) 小事 ➡ 回以小禮 (小)

(大) 大事 ➡ 回以大禮 (大)

自我揭露

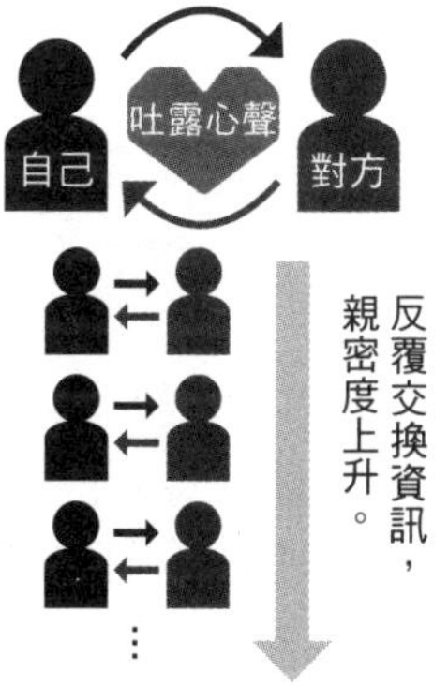

吐露心聲代表信任對方，對方會因此覺得「備受信賴」，並能滿足自尊感，對你的親密感也提升。相互自我揭露的次數越多，效果越好，能拉近彼此的距離。

心理學檔案 12

親切感倍增的自在聊天技巧

關鍵字　開放式問題／封閉式問題

在職場或學校等人群眾多的地方，應該會遇到很少交談，或「感覺合不來」的人。但總是迴避那些人實在不太自然。

若記住兩個心理學問話技巧，遇到不得不與上述對象說話的場合時，也不會手忙腳亂。

第一個技巧是讓聊天有節奏的**「封閉式問題」**。

封閉式問題是可以用「是」與「否」回答的問題。例如「今天很冷對不對？」、「對呀。」這種好問也好回答的問題。此外，封閉式問題能輕鬆開啟話題，對方無須深入思考就可回答，讓對話順暢如流。

當談話熱絡起來，想更進一步聊深入的話題，或是問完問題場面有點乾的時候，可以用**「開放式問題」**繼續聊。

開放式問題是類似「你覺得○○怎麼樣？」這種對方**能自由且具體回答的問題**。開放式問題可以讓對方自由發揮，因此容易不小心吐露心聲，更加敞開心胸分享自己的想法。

若能巧妙地組合上述兩種問題，可以讓對話更熱絡，聊得更

心理技巧　非語言溝通技巧

① 自然的視線接觸

除了開放姿勢以外，非語言溝通技巧也能幫助我們與別人交流。比方說，避免一直盯著對方的雙眼，而是不時看鼻子或臉部，偶爾眼神接觸，對方說起話來才不會有壓力。

② 微笑溝通

若想盡快與對方打成一片，竭盡全力笑容以對就對了。如此互惠原理（↓112頁）便能發揮作用，對方也回以笑容，因而拉近彼此的距離。

③ 掌握說話節奏

儘管談話內容很重要，但語調帶給人的印象也不容忽視。一般認為音調低的人

深入。這時再運用如姿態、肢體動作等語言以外的**非語言溝通技巧**，效果更加乘。

例如，手腳敞開，呈現放鬆姿態的**開放姿勢**。或聆聽對方說話時，**將身體傾向對方**。或**視線不飄移地直視對方雙眼**。

以上方法能向對方傳遞友好訊息，表示你向對方敞開心胸，並對他說的話有興趣。

這樣的態度應該會讓對方對你產生親近感，讓溝通更加順暢。

容易贏得信賴，因此講話音調高的人，盡量放慢速度、慢慢說為佳。

④ 不時點頭應和

實驗結果顯示，在聽別人說話時，若自己點頭應和，對方的發言量竟然增加五〇%。那是因為在別人說話時點頭，能滿足對方的認同需求（↓116頁）。對方覺得自己獲得認同，便敞開心胸打開話匣子。

單純曝光效應

原本覺得「不知道該如何與對方相處」、「根本沒話題」，但在見了幾次面之後，戒心便因此降低且好感增加。經心理學家羅伯特・札瓊克（Robert Zajonc）的實驗證實，此種心理現象為「單純曝光效應」（mere exposure effect）。即便攀談有困難，只要見面次數增加，就可以讓對方留下好印象。

札瓊克的實驗

①讓受試者觀看多張人像圖。
②人像曝光的次數各有不同。

結論

相較於出現次數少的人物，受試者對出現次數多的人物印象較佳。人對重複出現的東西會逐漸放下戒心，親近感增加。

對啊，嘿嘿。
你有上過電視對不對！
哇，名人耶。
雖然不知道他叫什麼名字…

但要留意的是，單純曝光效應對討厭的人沒效。

心理面面觀

肯定價值的人際連結感

認同需求

每個人都會希望「自己的**存在價值**獲得認可」，這個需求叫做**「認同需求」**（identity need）。

追求外在他人認同的需求，又稱為**「他者認同」**。另一方面，「過度放大自我」也是認同需求的一種。此外，高度**自卑**且低自尊的人容易**扭曲自我評價**，被「渴望能獲得他人認可」、「我這麼棒，一定可以得到眾人好評」的念頭給迷惑，導致**自我呈現**（↓110頁）誇大不實。

其他例子如，大家都說老是遇到渣男的女性「桃花運很差」，但她們可能大多為低自尊者且自我評價低落，因而選擇了不好的對象。

那類女生對負債累累、飲酒成癮的男人全心全意地奉獻，因而深信「對方需要我」，以滿足自己的認同需求。

人在面對巨大的失敗或遭遇困境時，容易全面否定自己，變得消極負面。因此在低潮時，「有人需要自己」的想法能滿足認同需求，提升自尊感。

比方說，剛分手時容易喜歡上對自己好的人，就是個典型例子。由於分手導致自尊受傷，因此無意識地希望幫助自己恢復自尊的人待在身邊，而萌生了愛意。

然而，希望獲得別人認可的需求，有時會帶來偏激的行為。不過，若職場上有人為了獲得認同而自我呈現時，好好傾聽對方，並滿足對方的認同需求，如此應能在對方心中留下好印象。

與人連結的三種方法

在會議上指名發言

有些人在會議上悶不吭聲，事後卻對決議不滿。此類人有強烈的認同需求，卻不敢承擔發言風險，這個時候就在會議上指名他發言吧。即便對方提出不切實際的意見，也向對方表示你會參考他的意見，讓他感到安心。

認可前輩價值

任職公司多年、經驗豐富的大學姐，是公司重要的財產。但隨著時間過去，當同齡層的人越來越少時，她們可能會因被拋下的不安感或加諸己身的責任感，而變得情緒化並引發後續問題。這個時候，認可前輩的價值，提高她們的自尊感，應能改善職場氣氛。

讚賞對方的努力

當人被讚賞時，會變得更有幹勁。然而，在讚賞別人時，與其誇獎有幾分是靠運氣的成果，不如讚美一點一滴累積努力以達成目標的過程。當人的努力得到他人的讚美，便能滿足其認同需求，得以挑戰更艱難的課題。

低自尊人格的愛情心理學

心理學家伊萊恩・霍斯特（Elaine Walster）藉由以下實驗，找出心情低落時會覺得對方有魅力的原因。

步驟① 告訴受試的女學生其人格測驗的結果不好。

步驟② 請協助實驗的男學生約女學生出去。

結果 在步驟①被告知測驗結果越差的女學生，越容易答應男學生。

當失戀或是像上述實驗一樣遭到否定時，人的自尊感會變低。這個時候，女學生會視約會邀約為「對方認可自己」，因此亟欲恢復自尊感的心理機制發揮作用，而喜歡上對方。

心理面面觀

主動公開目標的力量

公開承諾

若要達成目標、交出成果，不要只是在內心盤算，而是**對外宣示目標比較容易成功**。像這樣對外宣示目標的行為稱為**「公開承諾」**（public commitment）。

公開承諾所產生的心理作用，會帶來「沒有後路」、「只能硬著頭皮做」等壓力，而提高動力。

具體來說，只要寫下目標，並張貼在旁人可見之處即可。當告訴別人自己的目標後，能不斷提醒自己必須去實現。

公開承諾之後，由於我們會在意別人的眼光，因此無須他人干涉，自己就會產生「必須施行」的心理機制。

這個方法對帶領團隊也很有效。比方說，想引導被動的屬下做事時，只要**問他打算怎麼做這項工作**，請他把答案簡單扼要地寫在紙上即可，並不需要寫成正式的文件。

雖然屬下並非主動安排工作進度，但是因為「寫出來交出去了」，只好按照寫下的預定進度施行。

但在團隊運用此技巧時，必須注意各個業務內容要寫下負責人的名字。若責任分散，團隊可能無法順利運作。

心理學用語 Check!

自我肯定

「自我肯定」指許下自己的理想、願望、目標，再藉由全心全力地肯定那些自我承諾，強化潛意識，促使自己採取行動、實現承諾的心理技巧。比方說，自我激勵或寫日記皆有效。但切記不要使用否定句來訂立自我承諾。此外，宣示「我想成為〇〇」的成效不彰，因為心中會覺得「我現在不是〇〇」。相反地，用「我是〇〇」這類句子比較有效。

第5章

釋放負面情緒的正向心理學

總務部
嗯
……
約訪
○○事前會議
跑外務
會議
除了山根小姐跟青木部長以外，大家都外出啊。
是！
是！
關於那項產品……
喀噠
喀噠
翻
這個組合真讓人不安…
打擾了！
嚇

我是企劃部的川島⋯
是，妳好⋯
川島詩織
企劃部員工，日比野的前同事
我想確認一下之前拜託你們辦理的，那個要賣到印尼的新商品的※清真認證文件。
※清真認證：指符合伊斯蘭教義的產品。想將食品銷售至伊斯蘭市場，其成分與製造過程必須取得清真認證。
啊！是，清真認證⋯
請⋯請稍等一下！
山⋯
山根小姐，
是！
對。
還在電話中⋯
好像在哪有看過，清真認證的案子⋯但資料在哪？
慌張
慌張
偷看
部⋯部長。
轉頭
竟然假裝沒看到！

知道這個案子的人在嗎？
嗚啊啊
不是這個
也不是這個
嗚——嗯
啊，請再稍等一下…
喝茶
那個人是部長吧？怎麼一點反應也沒有…
……
要不然我晚點再過來…
我回來了！
鬆口氣
啊…川島小姐！
好久不見！
日比野小姐！

了解了，既然如此就由我來確認。
詳細稍後將由負責人跟您聯絡。
好的，再麻煩了喔！
主任，對不起……
雖然清真認證一案的負責人是組長，
但資料都放在總務部的共同資料夾裡，你要記得啊。
真是的…我明明知道，卻慌張到忘記了……
唉……
部長應該也知道才對……
偷看
偷瞄
其實……

假裝沒看到!?
是的…
太過分了!
這種時候主管應該要負起責任好好處理才對…
啊
我覺得日比野小姐「必須這樣做」的想法好像有點強烈。
糟糕，要小心「應該」這個詞。
掩嘴
?
儘管如此…
看
喝茶
你的工作是悠哉喝茶嗎?
怒

怎麼了嗎？
驚
!!
是課長！
啊！沒事！
糟糕…遇到課長就好緊張。
已…已經解決了。
慌張
慌張
尷尬笑
好的…
唔…
轉身
嗯…
已經解決就好。
？

咚隆
咚隆
咚隆
唉…今天也是勞心耗神的一天。
咚隆
咚隆
喔？是花形烹飪教室的郵件。
真難得
因臨時有事，烹飪教室停課一次。
什麼，竟然是停課…難過。
悠宇他應該知道為什麼停課吧。
咚隆
咚隆

星期六
腎功能的數值有點亮紅燈，就住院觀察了，不過並不嚴重啦。
但嚇了我一跳，老師竟然住院⋯
我們兩人不請自來，真是不好意思。
但看到老師您這麼有精神，我們就放心了。
呵呵
我常常住院，所以很習慣了。但沒想到必須停課，真是抱歉。
這次應該很快就可以出院了⋯
別這麼說！請不要著急，先把身體養好。

唉…
看來…
應該還好！
至少花形女士的情況沒嚴重到要洗腎，別這麼擔心。
啊…沒有啦。花形老師比想像的有精神，讓我放心很多，但是…
烹飪教室必須暫時停課一陣子…
該怎麼辦呢？
哎呀，原來不是擔心病人，而是擔心自己呀。
開玩笑的啦！逗逗妳而已，別生氣喔！
不…對不起！
妳有空嗎？要不要一起喝杯茶，我想聽妳講公司的事情。
嗯，我有空…那就麻煩你了！

諸如此般⋯⋯
我應該能跟濱村組長處得不錯，
仰頭
嗯～～～～～～
嚇
但我還是不知道該怎麼跟其他人相處⋯⋯
零醣的百匯～♡
原來如此。
起身
首先啊，
部長他啊，
閃光
可能是容易陷入「旁觀者效應」的人。

心理學檔案 13 旁觀者效應

旁觀者效應指當意外發生時，旁觀的人越多，我們越容易覺得「其他人應該會幫忙」，而不採取助人行動。

HELP!!

西望
東張
當周遭有其他人的時候，人容易袖手旁觀，不伸出援手。

凱蒂．吉諾維斯（Kitty Genovese）事件

- 一九六四年，美國紐約一位名叫吉諾維斯的女性遭到歹徒襲擊，卻沒有任何人伸出援手，吉諾維斯最後死亡。
- 吉諾維斯遇襲時，周遭大多數居民都有聽到她的尖叫聲，甚至有人目擊歹徒行兇過程。
- 但是卻沒有人站出來制止歹徒，也沒有任何人給予吉諾維斯協助，甚至無人報警。
- 這個事件引發大量學者投入旁觀者效應的研究。

▶請見138頁！

部長內心應該是這樣想的吧。
那不是我的工作。
若他真的需要我幫忙，應該會開口求助。
唔…很像部長會說的話。
不過，如果真的是那樣的話，因應方式其實很簡單。
咦，是喔？
因為部長地位高，大家很難開口請他做事。
但只要明確地指名部長，向他求救，他應該就會伸出援手。
的確…
好像真的沒有人會向部長請求協助…
請部長確認文件時，溝通上沒什麼問題，也從未看過他生氣，的確值得一試。
自言自語
自言自語
然後關於課長脾氣暴躁的問題啊。

他可能有點接近「邊緣型人格疾患」吧。
嗯…
人格疾患？

當想法和行為嚴重偏差時，不但會使旁人感到痛苦，當事人的社交生活也會出現問題。

心理學檔案 14 邊緣型人格疾患

邊緣型人格疾患為代表性的人格疾患之一。患者的思考模式與行為嚴重偏頗，情緒和人際關係不穩定，容易有衝動的行為。

特徵

一點小事就暴怒	想法和行為兩極化	容易有衝動行為

你搞什麼東西！
嚇
藤崎你怎麼什麼事都做不好啊！
剛才還在誇獎我的說…
大口喝
大口喝
可惡，被搞了！
酒

▶請見140頁！

原來…他生病了啊…
不不不，鮫島先生只是有那樣的特質而已。

另外，我再快速教妳幾個與「難搞上司」相處的方法吧。
謝謝！
喝茶～
啊…
啊，抱歉，我差不多該走了。
謝謝你今天給我這麼多建議。
青木部長的問題，似乎看到了一絲曙光。
但關於鮫島課長，卻讓我益發不安。
下次見囉～
幾天後
是…我知道了。

部長，我去接待一下客人……
好。
日比野妳也一起過來。
驚
咦！
我
我…我嗎？
安～靜……
嗚嗚…這到底是……
是誰啊？
而且是客人來訪？
開門
不好意思讓你久等了。

嗨。
!!!
悠宇！
咦——
你怎麼會…
日比野，
其實…我也認識悠宇老師。
我的家人曾經到老師的診所求診，之後來往至今。
不好意思沒跟日比野小姐說，
其實鮫島先生也有來找我商量。
咦…

！正念請見144頁！與飲食請見146頁！也是有效穩定情緒的方法。

拜…拜託您了！
哇啊

心理學檔案 15 漸進式肌肉放鬆法

當我們感到緊張或焦躁時，身體會變得緊繃。這個時候藉由舒緩肌肉，讓身體放鬆，可以緩和情緒。

①皺起眉間，拉緊額頭的肌肉，感受肌肉緊繃的狀態。接著放鬆，感受肌肉放鬆的狀態。

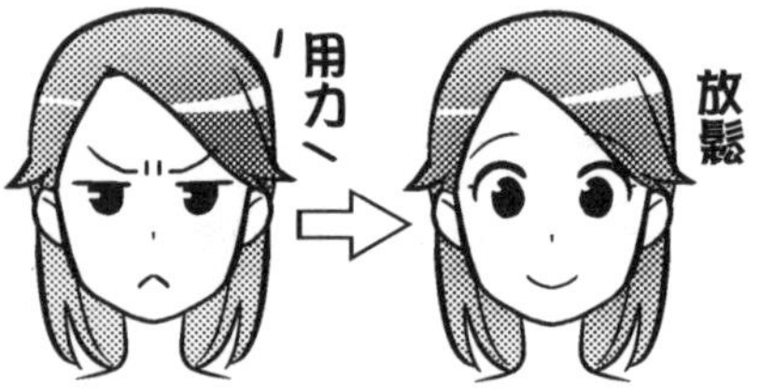
用力
放鬆

②閉緊雙眼，繃緊眼睛周圍的肌肉，感受肌肉緊繃的狀態。接著，放鬆眼睛周圍的肌肉，但眼睛持續閉上，感受肌肉放鬆的狀態。

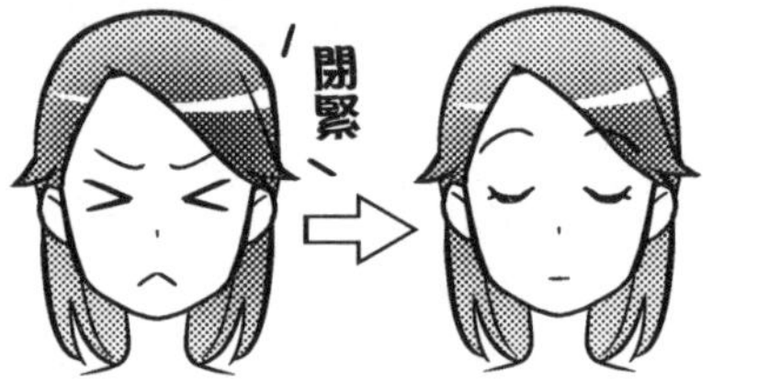
閉緊

③咬緊牙關，收緊下巴肌肉，並繃緊臉頰，感受肌肉緊繃的狀態，然後放鬆。

發出「一」的聲音

④背部用力往後拱，拉伸頸部，再讓頭回到前方，放鬆頸部。

用力往後
呼
回到原位

⑤用力聳肩，將肩膀往上抬，然後放鬆，讓肩膀下沉。感受肩膀肌肉緊繃與放鬆的狀態，來回重複兩次。

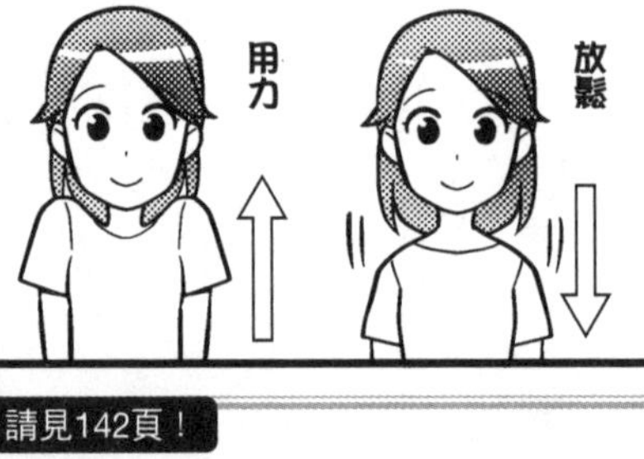
用力
放鬆

身體放鬆，心情就跟著輕鬆喔！

▶請見142頁！

還真不想讓人看到這個樣子⋯
上下
真⋯真的。
上班時間做這個老實說不太好⋯但就當作我們是在接待客人，拜託囉，日比野。
知⋯知道了。
而且，
多虧了今天的「接待訪客」，我跟課長的距離好像拉近了一些。
笑咪咪
我跟特地來公司一趟的悠宇的距離似乎也更近了。

心理學檔案 13

關鍵字 旁觀者效應

人越多，越容易袖手旁觀

心理學研究指出，當旁人越多，人越不會採取助人行動，稱為**「旁觀者效應」**（bystander effect）。其中最有名的案例，就是一九六四年發生於美國紐約的**「凱蒂．吉諾維斯事件」**。

吉諾維斯在深夜街頭遭到歹徒襲擊，她死命地逃，大聲求救了三十分鐘。期間共有三十八位周邊公寓的居民目擊、耳聞整個過程。但卻沒有人幫助她，也無人報警，最後她遭刺殺身亡。

之所以發生這種慘劇，是因旁人出現**別人應會伸出援手、我不需要挺身而出**等**「責任分散」**的心理，導致他們不願協助。

而造成旁觀者效應的因素還包括因無人採取行動，就自認沒問題的**「相互抑制效應」**。

此外，擔心自己幫助別人，「別人會覺得自己愛出風頭、很雞婆」等在意周遭目光，擔心他人評價的**「恐懼他人評價」**，也會抑制人們採取行動。

職場上也會發生旁觀者效應，如發生職權騷擾或霸凌，卻認為旁人會出手處理。或是由於無人採取行動，所以認為「沒問

解說 團體思維心理

① 人越多，責任越分散

美國心理學家約翰．達利（John Darley）和比伯．拉丹受到吉諾維斯事件的影響，他們用實驗證明了「旁人越多，責任越分散」的現象。正因為旁觀者眾，「其他人會出面處理」的心理發生作用，因此大家選擇不採取行動。

② 六人以上，助人行為減半

依據拉丹的實驗顯示，爆發緊急狀況時，若在場只有兩個人，有八五%的人會伸出援手。但是當現場有六個人時，有近四〇%的人會無動於衷。因此，若亟需他人的幫助時，不要向「周遭不特定的人」求助，而是向「特定的某個人」求援才是正確的。

題」、「沒什麼」，彼此相互抑制而未採取行動。又或是職場上容易產生「不想引人注目」的心理，恐懼他人評價。

為了防止責任分散、相互抑制效應及恐懼他人評價的心理，導致旁觀者效應，心理學家建議，當情況危急時，不要只是大聲呼喊、向不特定的人求救，而是**向特定對象求助較有效**。因為當人受到他人求助時，不再只是旁觀者，而是**化身為必須採取行動的當事人**，因此大多不會袖手旁觀。

③ 低估災難嚴重性

一般而言，即便是火災、天災等緊急狀況，人數越多，反應就越遲鈍。就算部分的人嚷嚷「情況危急！」但當多數人未認知到急迫性而表現冷靜時，群眾就會認為「應該沒事吧…」而無意識地抑制自己逃難。

助人的五個心理機制

心理學家比伯·拉丹（Bibb Latane）等人，藉由實驗證明，人必須經歷三個階段及五個心理歷程，才會採取助人行動。

階段一 掌握狀況

①察覺事態有異。
②認知到事情的急迫性。

階段二 理解責任歸屬

③自覺有義務要幫忙。

在階段二，責任分散、相互抑制效應及恐懼他人評價的心理，可能會妨礙對義務的認知。

階段三 選擇方法

④自覺有能力，而且知道援助方法。
⑤決定伸出援手。

即便知道該如何幫助他人，卻沒有能力伸出援手時，人就不會出手相助。

心理學檔案 14

無法克制怒氣的人格障礙

關鍵字　邊緣型人格疾患

現代社會生活壓力大，累積太多挫折而暴躁易怒的人不在少數。但因為一點小事就暴跳如雷，有可能是罹患了**人格疾患**。

這裡的「人格」指的是，人各種不同的思考模式與行為特徵。雖然思考模式與行為因人而異，但是**當思考模式過於極端偏激時**，**容易與周遭的人起衝突**，導致社交障礙。這種狀態便稱為人格疾患。

在人格疾患中，情緒不穩定且有明顯的衝動行為者，則稱為**「邊緣型人格疾患」**（borderline personality disorder，BPD）。「邊緣」指的是介於必須接受治療的精神疾病，以及嚴重到必須住院治療的思覺失調症中間的人格疾患。

邊緣型人格疾患的主要症狀有：

- **一點小事就暴怒。**
- **容易行為衝動。**
- **兩極化的思考模式。**
- **嚴重感到不安**，如害怕被別人拋棄。
- 為了**讓情勢有利於自己**，不惜說謊、操弄人際關係。

解說　精神疾病面面觀

① 憂鬱症

不僅限邊緣型人格疾患，幾乎所有精神疾病都有焦躁易怒的症狀。其中憂鬱症最常見，甚至推測有二〇%的日本人終其一生曾經歷程度不一的憂鬱症。

② 雙極性情感疾患

俗稱「躁鬱症」，分為情緒異常高亢的「躁期」及情緒低落的「鬱期」，其會以數月為單位交互出現。躁期時會有誇大妄想、易怒等症狀，且行為具高度攻擊性。

③ 思覺失調症

此類精神疾病好發於二十多歲、相對年

當出現上述症狀時，人際關係可能會出現問題，甚至嚴重影響身邊的人。

一般認為，年幼時沒有得到父母充分的愛，或是曾遭受虐待的人容易罹患邊緣型人格疾患，但另一方面也有研究指出，遺傳也為影響因素。

任何人都會有暴躁生氣的時候，但遇到動不動就暴跳如雷、表現極端的人時，應思考對方患有邊緣型人格疾患的可能性，並盡量溫和應對，不要讓對方有壓力。

輕的族群。舊稱為精神分裂症。患者易出現妄想、幻聽等症狀，且容易覺得別人在說自己的壞話或是傷害自己，而感到焦躁不安。

④ 強迫症

因神經傳導物質分泌失調，而出現過分不安和焦慮等症狀。一般認為壓力過大是引發強迫症的誘因之一。

邊緣型人格疾患的種類

邊緣型人格疾患可區分為 A、B、C 三群，共有十個種類。

A群

妄想型人格疾患
不信任他人，認為別人都想害自己。

類分裂型人格疾患
不善社交，旁人容易覺得這類人對別人不感興趣。

分裂病性人格疾患
對與他人建立關係不感興趣，喜歡獨自一人。

B群

邊緣型人格疾患
無法控制焦躁不安等情緒。

自戀型人格疾患
狂妄自大，容易目中無人。

反社會人格疾患
對他人沒同理心，甚至會出現暴力行為。

做作型人格疾患
利用誇張的服裝與行為，吸引別人的目光與關注。

C群

依賴型人格疾患
沒有主見，凡事都希望別人幫自己做決定。

強迫型人格疾患
嚴格遵守規範禮節，即便他人只是犯下小錯，仍嚴苛以對。

迴避型人格疾患
害怕犯錯或失敗，經常逃避風險。

心理學檔案 15

輕鬆消除焦躁不安

關鍵字 漸進式肌肉放鬆法

人的身體與心理緊密相關，心理狀況不佳時，身體就會出現反應。相反地，身體狀態也會反映心理狀態。因此當**我們感到焦躁不安時，身體肌肉也會變得緊繃**。

反過來說，當我們感到焦躁不安時，放鬆肌肉讓身體放輕鬆，能讓心情平靜下來。在眾多放鬆法當中，又以**「漸進式肌肉放鬆法」**（progressive muscle relaxation）最為簡單。此方法是藉由放鬆緊繃僵硬的肌肉，以舒緩心情。

除了前文介紹的五種放鬆形式之外（→136頁），還有以下幾種漸進式肌肉放鬆法。請交替使用各種方法，收緊並放鬆肌肉。

- ●**雙手**：手掌朝上，雙手往前伸直，將大拇指握在拳頭裡握緊。
- ●**上臂**：上臂與肩膀成水平，雙手握拳朝上，將前臂拉近上臂，使力讓肱二頭肌凸起。
- ●**背部**：上臂與肩膀呈水平，一邊感受兩邊肩膀往後夾緊的感覺，一邊將兩手前臂往外伸展。

解說 放鬆技巧訓練

① 生理回饋

生理回饋是利用機器偵測心跳數、呼吸次數、體溫變化等生理訊息，訓練自己有意識地控制那些數值。當學會自行穩定自律神經後，便能夠有意識地平靜自己的心情。

② 引導式心像法

引導式心像法指藉由閱讀虛構的故事，自行塑造出一個愉快的情境，進而引導出正面意象來減輕負面與悲痛的情緒，以達到放鬆效果。此外，閱讀能夠帶來正能量的漫畫也很推薦。

●**雙腳①**：坐在椅子上，雙腳打直往前伸，腳趾用力往下彎曲，繃緊雙腳下方的肌肉。

●**雙腳②**：同雙腳①的姿勢，腳掌用力往上翹起，繃緊雙腳上方的肌肉。

每種動作皆收緊肌肉約十秒，再放鬆約十五到二十秒，重複兩次以上（但也不要勉強），以舒緩肌肉、放鬆身心。每天持續做這些放鬆動作，一天做兩組。

無論是哪個身體部位，重點在於確實感受到「肌肉緊繃的狀態」與「肌肉放鬆的狀態」。

明確地辨別並感受身體的狀態，能提升漸進式肌肉放鬆法的效果，放鬆身心。

③ 呼吸法

呼吸法是藉由聚焦在自己的呼吸上，自然而然地放鬆。其中又可分為單純反覆地自然呼吸，以及控制吸氣與吐氣節律等兩種方式。

自我暗示訓練放鬆法

德國精神科醫師舒爾茲（Johannes Schultz）則倡導「自我暗示訓練」放鬆法（autogenic training）。自我暗示訓練為一種透過自我暗示，以引發生理變化的自我控制練習。自我暗示訓練共有六個公式，每個公式都有明確的步驟。請如實地接納身體並感受身體的變化，讓身體放鬆。

第一公式：沉重感練習

①坐在椅子上，全身放鬆，閉上眼睛。
②在心中反覆告訴自己「我很平靜」（只要心情平靜下來即可）。
③假如你是右撇子，則緩慢默念多次「我的右手很重」，並將意識集中在右手。請先針對慣用手進行練習。
④當真的感覺到右手變沉重之後，就換另一隻手，再來是腳，依序反覆進行。
⑤當雙手雙腳都結束之後，就伸展手腳，深呼吸兩、三次後張開眼睛。

重點在於，感受心情漸趨平靜的過程。

心理 面面觀

可以改善憂鬱症的冥想

正念

現代社會壓力大，各種減壓方法林立，而近年來「冥想」的人氣更水漲船高。

冥想的方式和種類五花八門，最近又以**「正念」**（mindfulness）備受矚目。此為美國醫師喬・卡巴金（Jon Kabat-Zinn）為**減輕患者壓力**所提出的減壓法。研究也證實，正念有助於改善精神疾病，因而獲得高度的關注。

卡巴金運用學習禪學與瑜伽的經驗，融合了佛教內觀（Vipassana）與現代科學，發展出「正念」療法。正念不但可穩定心理狀態，研究也證實，正念對運用抗憂鬱症藥物與認知行為治療效果有限的憂鬱症，也有絕佳療效。

不少正念冥想法也被引介到了日本。冥想是非常重視感覺的訓練，因此必須多多實踐。

正念又可分為正念呼吸法、正念飲食法、正念步行法等，而無論是哪一種，重點都在於集中注意力在「五感」上，停止胡思亂想。

在此介紹初學者也容易上手，由安德魯・威爾（Andrew Weil）所提倡的四—七—八呼吸法。

①到一個不吵雜、可以靜下心的地方，輕鬆地坐著（也可躺著）。
②首先，用鼻子吸氣四秒鐘。
③然後閉氣七秒鐘。
④吐氣八秒鐘，把氣全部吐完。
⑤重複②到④的步驟約十分鐘。

出現雜念時，就從步驟①重新開始。而上述的十分鐘訓練期僅為參考，超過十分鐘也無妨。

每天持續練習四—七—八呼吸法，如此應能察覺到身心的變化。

正念的效果

穩定心理狀態

不帶雜念和情緒，如其所是地接受現狀，能放鬆身心，減緩不安、恐懼和壓力，甚至可以減輕憂鬱症的症狀。

提升注意力

集中精神在每一個瞬間，注意力自然會提高。此外，正念不但能提高學習成效和工作效率，還可以提升運動表現。

提升睡眠品質

現已證實正念能提升睡眠品質。睡前練習正念，不但可縮短入眠時間，有助睡眠，還能減少半夜突然清醒的次數、提高睡眠效率及改善睡前憂鬱等。

提高免疫力

壓力過大會擾亂自律神經，嚴重甚至會引發心臟病、腦出血等疾病。正念不但可減輕壓力，也能提高免疫力，保持身體與心理的健康。

正念領導力

史丹佛大學的教授史蒂芬・摩菲一重松（Stephen Murphy-Shigematsu）指出，領袖必須擁有因應變動性、不確定性、複雜性、曖昧不明的能力，而透過正念可以獲得解決上述問題的相應能力。

①變動性 ↔ 求援力

在知識不斷快速變化的現代社會中，凡事親力親為有其極限，必須謙虛地向外尋求援助。

②不確定性 ↔ 理解力

即便不清楚詳細的狀況，也不會拘泥於小地方，而是能快速掌握問題概要，開闢解決問題的途徑。

③複雜性 ↔ 串聯力

引導並貫串起人們擁有的優點，創造出因應複雜社會和情況的新可能。

④曖昧不明 ↔ 應變力

即便面對曖昧不清的狀況，也能透過多重管道蒐集各種意見，快速找出最佳對策。

心理 面面觀

抗焦慮的食物

神經傳導物質

現代社會普遍認為**飲食與精神狀況之間存有某種關係**，比方說，「感到焦躁是因為缺鈣」。但研究指出，缺鈣和焦躁其實並沒有直接關係。

最新的研究指出，當神經傳導物質，尤其是**血清素不足時，容易感到焦躁不安**。而神經傳導物質就是負責在神經細胞間傳遞訊號的化學物質。

血清素這個化學物質，除了可維持生物節律的平衡之外，也有助於穩定情緒。想解決血清素不足導致的焦躁不安，可以攝取富含色胺酸（為一種必需胺基酸）的食物，如肉類、海鮮、豆類等，以合成血清素。

儘管如此，工作上經常焦躁不安的人，不可能突然之間飲食均衡。因此這裡推薦藉由飲用加了GABA的巧克力或飲料，攝取近來備受矚目的「γ-胺基丁酸」（gamma aminobutyric acid，GABA）。

維持中樞神經系統（腦及脊髓）中血清素濃度的平衡，有助於減壓，但體內一天可合成的量有限，容易血清素不足。這個時候可以聰明地利用營養保健食品，為自己補充不足。

心理學用語 Check!

神經傳導物質

人體有多達五十種以上的神經傳導物質，其中跟血清素一樣會影響人的精神狀況的還有多巴胺、腎上腺素、去甲腎上腺素、GABA、甘胺酸等化學物質。其中除GABA與甘胺酸為抑制性神經傳導物質外，其他為興奮性神經傳導物質。而治療憂鬱症等精神疾患的藥物，其藥理主要是透過調節神經傳導物質的失衡。

第6章

激發幹勁的職場心理學

Café
在那之後，課長邀我一起去吃飯。
悠宇老師說了一件讓我很震驚的事，
他說我這樣下去，可能會罹患邊緣型人格疾患。
嚼嚼
嚼嚼
是喔…
邊緣型人格疾患的特徵是兩極化思考、情緒起伏激烈。
但這種疾患大多好發於年輕女性，所以我也有可能正在經歷男性更年期…
嚼嚼
所以不太一樣嗎？

不過我年輕時脾氣比較火爆。
翻桌
並不是因為年紀大了才脾氣暴躁。
搞什麼東西!!
比現在還火爆？
哈哈。
不過撇開這個不說，我在公司會這麼暴躁，多少也是因為我很在意部長的關係。
那個人完全沒有領導能力，讓我強烈覺得自己必須好好指導你們才行。
雖然那個人的行政處理能力，的確是讓人敬佩啦……
指
咦，在意部長？
是喔～
……這樣啊
課長這番話，讓我想起悠宇教我的東西。
對屬下職權騷擾或精神虐待的上司，本身大多沒有惡意。

真的耶
我想鮫島課長也是希望能好好指導藤崎君。
對。
歸根究柢，職權騷擾別人的人，
他們的內心其實渴望被別人理解、接納。
那樣的心理需求強烈，所以容易攻擊不理解自己的對象。
畢竟自己明明是好心指導，對方卻膽戰心驚的，因此感到煩躁。
外在態度
劈里啪啦
劈里啪啦
內在情感
為什麼他就是不懂呢……
吞口水

這種人會覺得自己必須努力，所以責任感很強。
而且他們深具自信，認為自己的工作方法最正確，因此一時半晌也無法改變。
沒錯，課長會確實執行所有工作指示。
所以沒有人有怨言…
面對那種人，積極尋求他的意見會出乎意料地有效喔。
真的嗎？
因為受到別人委託時，會覺得自己被別人接納了，
進而緩和攻擊性的姿態。
課長，我對這個案子有不清楚的地方…
喔喔，那個案子…
原來如此
雖然有點可怕…但我會試試看的！
然後，其實啊，
很多人都會煩惱屬下會不會因為自己而離職。
！

如果上司和屬下相互承認自己的不足，
應該可以快速改善彼此的關係⋯
這樣啊
課長真的是個責任感很強的人。
但是⋯在聽了悠宇老師跟我說了日比野的事情後，
未來指導大家的工作時，我會試著盡量控制自己的情緒。
⋯⋯
如⋯如果是這樣的話，我再也不用害怕「渾身帶刺的鮫島課長」了。
開玩笑的

這個時候被這樣說，我也覺得沒什麼……
我可能真的太執著職場成敗了。
呵……
太好了
哈哈哈
自此之後，
課長在職場上變得溫和許多。
卡 卡 卡卡 卡卡 卡
綠花椰菜的生長體操？
？

而總是置身事外的部長也…
部長請幫幫我！拜託了！
嗯？
我…我嗎？
我現在也盡量不顧慮太多，有問題就直接尋求部長協助，請部長提供意見、做出指示…
這個跟業務部確認就可以囉。
謝謝您！
那個案件就麻煩您了。
我知道囉——
課長似乎也有意識地不一個人悶著頭做事，會拜託部長做事了。

總務部的工作氣氛變得愉快許多，
但並不是所有問題都解決了…
呆
又在發呆了…
他是靈魂出竅了嗎？
呆
藤崎君，發什麼呆啊！
啊，是，對不起…
推
啊
喀噠喀噠
藤崎君很溫柔，待人也和氣，
但他似乎是「被動型」的人…

做事情一點也不積極主動…
雖然接到指示時，他的確會好好地執行，但這樣的屬下還真的有點難用…
嗯
老實說，這種屬下實在很難用…
啊
對了
課長之前也煩惱過我的事情…
我必須好好思考如何激勵藤崎君才行！
雖然改變他人很難，但主動出擊，
狀況應能有所改變！
一定要實際運用悠宇教我的東西才行！

有些技巧可以激勵沒指示就不做事的屬下。請見172頁！

午休時間
妳說藤崎君嗎？妳也希望他可以繃緊神經、上緊發條對吧。
他是個好孩子，但不怎麼能幹。
閃亮亮
是…
怎麼？妳對藤崎君有興趣喔？妳喜歡年紀比自己小的呀？
我是說工作的事情啦…
他長得不錯啦，雖然不可靠。
哇哈哈哈！
……
賊笑
賊笑
雖然藤崎君的確長得很可愛…

但如組長所說的，藤崎君可能不是精明幹練的類型。
呆—
對不起
嗯
如果從悠宇教我的交換型人際關係和合作型人際關係來看的話…

心理學檔案 16 交換型人際關係／合作型人際關係

以下四個敘述中符合三個以上的人，較重視「交換型人際關係」，這種人容易取得事業成就。而未符合以下敘述的人，則較重視「合作型人際關係」，此類人不求回報，能建立和諧的家庭。

從性格可以知道事業成功的機率。

①受人幫助時，會覺得必須趕快回禮給對方。
謝謝！
②幫助了別人，但對方卻沒有回禮，會覺得自己遭到利用而感到不愉快。
好心沒好報…
感覺真差
③認為工作的報酬應該依貢獻度分配，而非平等分配。
勤奮
勤奮
④幫助了別人，但對方卻未表現出任何感謝之意時，心情會不好。
至少說聲謝謝吧！

▶請見166頁！

嗯…藤崎君很明顯是「合作型人際關係」的類型。
你可以嗎？
沒問題！
這樣下去，其實也沒什麼不好…

你這樣讓人很為難耶
真…真的非常抱歉…
但我還是希望藤崎君能有所成長。
幾天後的假日
和悠宇一起上完烹飪課後，
我約他到咖啡店商量藤崎君的事情。
如果是這樣的話，我有個絕佳的妙計…
妙計？
一言以蔽之，
用這招準沒錯
讚美使人成長！

心理學檔案 17 **畢馬龍效應**

畢馬龍效應指的是，人的能力表現會受到誇獎或批評影響的心理現象。

畢馬龍效應	格蘭效應

受到讚美，幹勁提升，工作表現得更出色。	持續遭到否定，幹勁降低，無法提交好成果。

▶請見168頁！

他的確是那種想贏得別人的讚美，而努力的類型。
明明是夏天還多穿背心，你也是因為被人誇獎才這樣打扮嗎？
我是自己喜歡才這樣穿啦。
另外，還有一種普遍的心理現象叫做「霍桑效應」，
指無須誇獎對方或予以期許，只要上司在旁盯著，就會有不錯的工作成果。
只要上司在旁盯著？那是什麼意思…
比方說，日比野單獨在辦公室工作，
跟有上司在旁邊看的情況下工作，
哪一種情況妳會比較認真？
嗯…有人在旁邊看時，的確會比較認真啦…
對吧！

心理學檔案 18 霍桑效應

只要覺得「有人在旁邊看」，人就會不自覺地認真努力。

大部分的人只要有上司等人在旁邊看，就會產生「希望能力備受肯定」的心理，因而提升工作幹勁。心理學稱此現象為「霍桑效應」。

沒人在看就懶散
有人盯著效率就高
打呵欠
懶散
認真！

▶請見170頁！

只要投以關注的眼神，人就會覺得自己受到重視，而產生適度的緊張情緒，因此有不錯的工作表現。
握拳
了解了，總之我先試試看！
幾天後
藤崎君，你現在有空嗎？
有。
你應該知道什麼是「由下而上管理法」吧？
嗯
是，知道。
黏糊糊！
問卷調查
池麵食品積極地使用「由下而上管理法」，
透過問卷蒐集員工的意見，反映至公司的經營管理上。

我想請藤崎君負責蒐集問卷和分析數據…
咦，我…我嗎？
對。
那必須整理問卷調查的結果，
問卷
然後寫成報告提交給董事會對不對…
這時要有意識地利用霍桑效應…
剛開始可能會很辛苦，但我會在旁邊幫你的…
總之，請你先分析每一個項目的數據，寫下你的分析意見，有任何進度請隨時回報給我。
有不懂的地方，都可以找我商量。
好。
好的，我知道了！

幾天後
那個 主任…
？
我剛才寄了初步的分析檔案到您的信箱…
喔，做得真快！
……
緊張 緊張
喀噠 喀噠
不錯喔，做得很好！
嗯。
開心
謝…謝謝您！

當人受到他人肯定，覺得有成就感時，會產生內在動機。請見172頁！

此外，也會帶來增強作用。請見174頁！

心理學檔案 16

關鍵字 交換型人際關係／合作型人際關係

重視的人際面向決定性格

職場上有各種不同類型的人，有的人工作幹勁十足，有的人有薪水領就好。然而，只有極少數的人能事業有成。

在心理學，可以從「重視的人際關係面向」，來辨別這個人的事業是否容易成功。

辨別的要點在於，是否重視人際關係的**「交換性」**，亦即受人幫助時，是否覺得必須**「回報」**人家。

重視**「交換型人際關係」**的人，會希望別人回報自己。而自己受人恩惠時，也一定會回報對方。但另一方面，此類型的人也會希望得到與自己付出和貢獻程度相應的報酬。

重視交換型人際關係的人擅長建立雙贏關係，能在商業界取得成功。

相反地，重視**「合作型人際關係」**的人，會認為「工作是大家的事」。因此不太會思考利害得失，也較少認為自己的付出要有回報。

重視合作型人際關係的人不擅長計算得失，因此常被推諉額外工作，導致其怠慢了分內工

解說 交換型人格的劣勢

重視交換型人際關係者，即便績效佳、深受客戶信賴，但其職場或私生活的評價可能不佳。其中原因如下：

① 付出必求回報

此類型的人認為「工作＝互利關係」，因此受人請託時，容易不自覺地出現「要我幫你可以，你要回報我什麼？」等尋求回報的想法。因此，易給人留下沒回報就不願幫忙的「心胸狹窄」印象。

② 不承認失敗

工作有時必須設定停損點，果斷放棄繼續向前。但重視交換型人際關係的人，容易出現明知是做白工仍不願放手（沉沒成本效應）的情況，給自己帶來「死

作，使得工作評價變差。然而，他們的戀愛關係對等且給予家人**不求回報的愛**，因此能夠與伴侶同心協力，建立和諧的家庭。

另一方面，工作能幹、重視交換型人際關係的人，必須留意「想回本」這種**「沉沒成本效應」**。

重視交換性的人，尤其在人際相處或談戀愛時，容易出現「我付出這麼多，現在離開太吃虧」、「付出的東西，總有一天能賺回來」等念頭。此外，「已經沒有愛，卻分不了手」，也是源自此心理作用。

不承認失敗」、「硬撐結果損失更慘重」等負面評價。

③ 斤斤計較的愛情觀

這種人談戀愛也容易出現沉沒成本效應。例如，交換禮物時若沒收到等價的禮物，就會不高興。但凡事都要等價交換，可能會使另一半為準備「滿意的回報」而疲於奔命，導致分手。

合作型人格的印象評價

在職場上，重視交換型人際關係的人的評價較佳；在人際相處上，重視合作型人際關係的人比較討人喜歡，但是其職場評價較差。具體而言，重視合作型人際關係的人，給人的印象如下。

正面評價

- 懂得照顧他人（合群）
- 樂於助人（優秀）
- 體貼（溫柔）
- 不拒絕別人的請求（有人情味）
- 不求回報（人格清高）

負面評價

- 沒有主見（消極）
- 自主性低（被動）
- 接下分外工作，拖延分內工作的進度（效率低）
- 不求回報，反而讓人覺得此人的想法難以捉摸（可怕）

心理學檔案 17

關鍵字 畢馬龍效應

正面肯定，激發幹勁

若上司總是大聲斥責屬下，職場氣氛會變得很沉重。那種上司的腦袋，恐怕根深蒂固著日式教育「不打不成材」的想法。

雖然有些人的確是罵一罵就會奮發向上，但應該有更多人是被罵之後失去自信和幹勁，而沮喪不已。

美國心理學家羅伯特・羅森塔爾（Robert Rosenthal）的實驗證實，誇獎比斥責更能促使人成長，這個研究結果又稱為**「畢馬龍效應」**（Pygmalion effect，又稱為「自我應驗預言」或「期待效應」）。

這項實驗主要是調查，老師的期待如何影響學生的成績表現。調查顯示，受到老師期待的學生**幹勁倍增**，成績表現符合教師的期待，甚至是超出預期。

畢馬龍效應當然也適用於職場。但使用此效應的重點在於，不能僅止於口頭期許，而是必須真心期待對方必能成長，並熱心指導，否則便無法激發對方的幹勁。想讓畢馬龍效應發揮功效，必須讓對方知道你的期許是真心的。

心理技巧 畢馬龍效應的運用技巧

領導

指責技巧

若太在意畢馬龍效應，導致無法在正確時機點指責屬下則是本末倒置。當屬下犯錯時必須指正，但必須留意不要在眾人面前指責，且指責內容簡短勿冗長。此外，即便屬下失敗了，責罵時也請僅於點出工作紕漏。最重要的是，斥責後一定要補上「我相信你下次一定做得到」，讓對方感受到你對他的期許。

職場

避免極端獎懲機制

依據成交數等業績來極度讚賞或貶損員工，或利用極端手段鼓舞員工，是黑心公司的慣用手法。但這種極端的獎懲機制非長久之計，長期下來會引發格蘭效應，導致幹勁與士氣低落，交不出好成績。

還有一種與畢馬龍效應相反的心理現象，名叫**「格蘭效應」**（Golem effect）。格蘭效應指當人不斷遭受否定時，即便能力再好，也無法發揮實力。

比方說，「不誇獎、不期待、罵聲不斷」的斯巴達教育，或持續「你真糟糕」之類的話語，只會降低對方的幹勁。即便再怎麼嚴格，業績或成績也不會變好。

此外，無論有無主詞，人的大腦會受到各種言語的影響，因此對別人說出負面言語的同時，也會降低自己的幹勁，所以還是少說為妙。

戀愛

讚賞伴侶的優點

畢馬龍效應對戀愛或婚姻也有效。比方說，盡力找出對方優點、予以稱讚，對方應會努力維持形象，而益發魅力。但如果不在乎伴侶的變化，對方就會懶得打扮，逐漸失去魅力。因此，伴侶能否保有魅力，關鍵在於自己對待伴侶的方式。

標籤效應

研究顯示，被別人貼上「你這個人就是〇〇」等標籤，會對被貼標籤者產生影響。此理論由社會心理學家貝克（Howard Becker）所提出。當我們為別人貼上標籤時，對方就會逐漸接近標籤的形象，這種現象稱為「標籤效應」（labeling effect）。

正面標籤

例子 你真能幹。
你真貼心。

即便自己不作如是想，但當別人正面形容自己時，就會真心認為自己的形象如標籤所述，逐漸改變自我形象。此外，人一旦被貼上標籤，也會因為在意他人的眼光，行為舉止逐漸接近標籤內容。

負面標籤

例子 沒用的傢伙！
壞人！

當人被貼上「壞人」或「沒用的傢伙」等負面標籤時，就會失去信心和幹勁，自尊感降低。人一旦意識到自己被貼上負面標籤，即便貼標籤者不在身旁，被貼標籤者也會如標籤內容行動。

心理學檔案 18

關鍵字 霍桑效應

受人關注表現更出色

比起身旁空無一人，周圍有人在注視時，我們會比較緊張且充滿**幹勁**，因此表現相對較佳。

以職場舉例應該很好懂，「公司主管在不在，將左右員工的幹勁」。心理學稱此心理現象為**「霍桑效應」**（Hawthorne effect）。

上述心理現象是由於當我們意識到旁邊有人在看自己時，更能發揮自己的潛能。

此心理效應由澳裔美籍的心理學家梅奧（Elton Mayo）所證實。他以工廠作業員為對象進行了實驗，而該心理效應則取名自實驗對象所在的工廠——美國芝加哥西方電氣公司的霍桑廠。

從實務面來看，在職場上帶人的主管非常適合運用霍桑效應，因為當屬下覺得自己受到關注時，幹勁士氣就會提升，因此必須讓屬下知道主管有在觀察、關心自己。

比方說，屬下交報告時就跟他聊工作狀況，或是不時確認其工作進度，進而讓屬下覺得「主管會觀察自己」。

此外，搭配**畢馬龍效應**

心理技巧 職場上的霍桑效應

① 同儕互相評比

迪士尼樂園以現場扮演卡通人物的員工互相評價而出名。位居第一線的同事隨時互相評比，使霍桑效應發揮作用，大幅提升員工士氣。

② 追隨標竿人物

假如身邊有景仰的上司或前輩等值得效法的標竿人物，就盡量跟他們一起行動，請他們回饋意見。除了尋找標竿人物外，也盡量讓自己出現在他們的視線裡，如此可以促使「改善自我言行」的心理發揮作用，加快自己成長的腳步。

③ 掌握工作進度

霍桑效應是透過意識到他人的目光，提

（↓168頁），積極地向對方傳遞「我知道你很努力，我很看好你」等訊息，能發揮加乘效果。

當然，霍桑效應本身就很有效果了。以減肥為例，與其單獨在家裡努力健身，不如到公眾場所如健身房，**更容易成功**。

另外，最近很熱門的私人健身教練除了運動指導外，也包含飲食管理，比起單純上健身房更有成效。

這可能是由於有人叮囑飲食習慣的霍桑效應，以及期待激發好表現的畢馬龍效應，兩者並用帶來加乘效果。

高工作效率，但反過來說，單獨工作時的效率就會降低。倘若你為公司主管，遇到不得不離開座位或外出的情況，那當你回到工作崗位後，請盡量要求屬下向你匯報工作進度。如此可讓屬下產生「老闆回來前必須做完」的心理，而不是「老闆不在我就可以慢慢來」。如此一來，即便辦公室只有屬下一人，他也會專心工作。

霍桑工廠實驗

一般來說，心理學實驗大多是驗證假說，但霍桑效應卻是實驗反覆失敗後的意外發現。

假說

環境與工作條件會影響人的生產力。

第一種假說的實驗

不同照明度，對受試者工作表現的影響。

➡ 無明顯差異。

照明度

第二種假說的實驗

改變勞動條件（如薪資、休息時間、室溫），對受試者工作表現的影響。

➡ 無明顯差異。

薪資

休息時間

結果無明顯差異，故與受試者進行面談。

➡ 發現受試者「不想讓別人覺得自己能力差」。

受試者分析

第三種假說的實驗

觀察者的存在及其位階，對受試者工作表現的影響。

➡ 觀察者的位階越高，受試者的生產力越好、效率越佳且越團結。

觀察者

結論（霍桑效應）

觀察者會激發受試者的幹勁，提高受試者的工作生產力。

激勵被動員工的技巧

外在動機／內在動機

上司或前輩最大的煩惱源或許是屬下及後輩屬於「被動型員工」。假如屬下能完成交辦的工作，問題便不在於對方沒能力，而是其工作沒動力。

面對被動型員工，**激勵**部屬主動採取行動很重要。而激發人採取行動的動機，可分為**外在動機與內在動機**。

外在動機指受到外在環境刺激或影響，促使人採取某種行動。

比方說，「若這個案子成功，就有獎金可拿！」等自我暗示工作可帶來的報酬，增加自己的工作動力。但是當薪酬不是自己真正想要的東西時，就不會有激勵效果。

相反地，藉由「如果目標沒達成，就沒有獎金」等懲罰，製造出不得不採取行動的情況也具有激勵效果。

如同上述例子，**外部的強制力**越強，越能夠驅動對方採取行動。外部動機的優點是立即見效，但用久了效果不僅越來越差，也容易使人失去自主性與主體性。

另一方面，內在動機驅動的行為，是源自於**自我意志與需求**。

比方說，讓喜歡音樂的屬下，到音樂會的會場推廣自家產品，鼓舞屬下、讓他自己想要努力便為內在動機。

另外，想利用普通的工作內容增強內在動機時，上司或前輩不可以鉅細靡遺地交代工作細節。

將部分工作**放手給員工做**，並給予適當地協助，讓員工自主思考並動手做，**累積成功經驗**。

激發動機的三大驅動力

打造自決感

交辦屬下工作時，不要指示員工作業方式，而是讓他自己決定工作方法。自己做決定所產生的「自決感」，能夠帶來成就感與滿足感。此外，經由努力而得的成就感，以及得到周遭認同的認可感也相當重要。

重視自主性

雖然外在動機的問題在於，沒有報酬就會失去動力，但若是當事人自主採取行動，便能維持動力。比方說，原本是為了考試而必須用功唸書，卻在過程中引發了興趣，越讀越有興趣。

提供吸引人的報酬

在外在動機中，最能鼓舞人心的獎賞應為金錢報酬。然而在霍桑工廠的實驗中（→ 171 頁），雖然改變了薪資條件，但生產力都沒有明顯差異。可見提供一個吸引人的金額，讓人「願意去做」有其必要。

馬斯洛的需求層次理論

心理學家馬斯洛提出「需求層次理論」，主張人的需求可分為五階段，即生理需求（①）、人身安全（②）、社會地位與愛情（③）、得到③之後欲獲得別人的認可（④），進而希望實現自己的理想（⑤）。若無法滿足最低限度的需求，人就會萎靡沒幹勁。

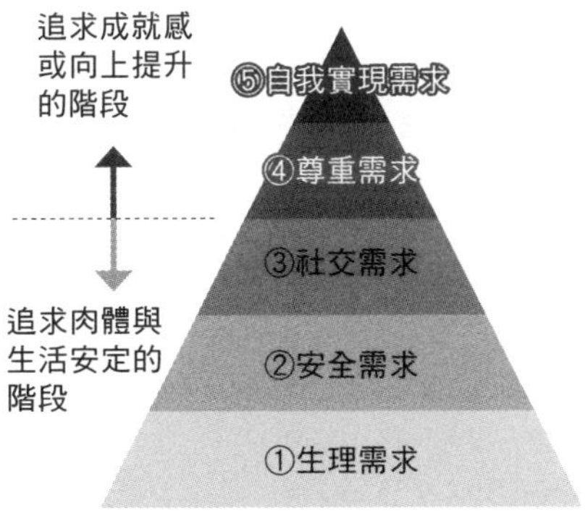

追求成就感或向上提升的階段
⑤自我實現需求
④尊重需求
③社交需求
②安全需求
①生理需求
追求肉體與生活安定的階段

心理面面觀

想重複獲得報酬的心理

增強作用

在心理學中，**「增強作用」**（reinforcement）是人採取行動的動機之一，指人為了獲得採取行動後的報酬，而重複同樣的行為。

增強作用分為兩種，其一為每次採取行動，一定可得到報酬的**「連續增強」**，以及採取行動後，偶爾能獲得報酬的**「部分增強」**。

連續增強指只要做特定的事，就**一定可以獲得報酬**的激勵行為，如每天提交工作日報就會被誇獎。

而部分增強則是指採取某種行為後，偶爾可以獲得報酬。雖然獲得報酬的次數少，但只要該報酬能**帶來讓人難以忘懷的喜悅**，「想再得到報酬」的想法便能驅使人行動，這種心理也是賭癮難戒的原因。此外，努力工作獲得社長獎，心想「下次也要拿到！」繼續努力，也是部分增強的心理所致。

增強作用當然也可以應用到人際關係上，拿到職場上激勵部屬尤其有效。

「誇獎」可作為報酬，因此誇獎時，可以運用每次屬下完成某項工作就誇獎他的「連續增強」，以及偶爾大力讚賞的「部分增強」技巧。然而，連續增強一旦中斷就會失去功效，因此最好不間斷地屢屢誇獎。

心理學用語 Check!

自我中心偏誤

「我一定可以的！」這種自信，對提高幹勁而言至關重要。然而，人卻容易誇大自己的重要性，即心理學所謂的「自我中心偏誤」（egocentric bias），而它也屬於認知扭曲（→30頁）的一種。因此，明明只是個人的經驗，卻認為自己「責無旁貸」，合理化個人行為，或是毫無根據地認定「自己一定會成功」，凡事往對自己有利的方向思考。

第7章

了解社群心理的群眾心理學

很好！就這樣繼續加油。
辛苦了！
好的！
我會好好看著你的喔
畢馬龍效應和霍桑效應所帶來的成效似乎比預期好。
總務部
朝會兼會議
公司官方網站的更新內容如上述，有其他問題嗎？

那個…我可以占用點時間嗎？
？
我現在不是在整理由下而上管理法的內部意見問卷嗎？
如果把實際採用的例子放到官網上，應該可以當作公司的宣傳內容…
大家覺得如何？
安——靜
哎呀！
很不錯耶。
如此也顯示了公司積極採納員工的意見，這樣的確可以提升公司的形象。
而且「黏糊糊！秋葵拉麵」本來就是員工提的企劃不是嗎？
秋葵拉麵
上層原本還很反對呢。

開心
好，就做做看吧！
謝謝您！
嗯嗯
嗯嗯
他變得相當積極呢…等等來誇獎他一下。
你就跟山根一起商量實際的網站內容更新事宜吧。
是！
山根小姐，麻煩您了！
咦？
好喔…

湊近
湊近
藤崎君最近好像變得精明多了？
日比野妳做了什麼嗎？
嘿嘿，祕密。
討厭，來陰的喔。
哎呦
哎呦
來陰的是…
課長最近似乎也變得和藹多了…
自從日比野調到這裡之後，辦公室的氣氛好像越來越好了呢。
沒有啦。
嘿嘿
啊哈哈
喔呵呵
……
什麼嘛…
一臉得意的樣子…
怒

幾天後
♪
你們的郵件。
謝謝，辛苦了。
就是她，總務的…
竊竊私語
那個人賣弄姿色？
竊竊私語
轉身
轉頭
嗯…
？
業務部
久等了，這是你們的郵件！

辛苦妳了，日比野小姐！
嗨
妳現在一臉總務的樣子，很熟練了喔。
澤井由紀
業務部員工
什麼意思~
我是在誇獎妳！
妳在人事異動當時大受打擊、沮喪很久，現在感覺過得很不錯嘛。
還可以啦。
還可以嗎？
現在要帶屬下，蠻忙的…
日比野小姐，我跟妳說件事情…
東張
西望
怎麼了嗎？
山根小姐她啊…
竊竊私語…
好像在背後說妳的壞話喔…
咦？

❗人們相信毫無根據的謠言的原因在於「溫莎效應」。請見202頁！

一口餃子
牛排
人氣料理
想說妳怎麼會在其他時間，約我到這樣的店⋯
原來是這樣啊。
雖然這間店就在我們常去的咖啡廳隔壁啦⋯
猛──喝
咚
所以呀，你不覺得她很過分嗎？
我還是第一次看到有人喝一口酒就醉得胡言亂語的。
好了、好了，冷靜一點⋯
妳要是喝醉了，不也聽不進我的意見了嗎？

因…因為我實在嚥不下這口氣…
嗚~~
也就是說，山根小姐跟妳是同期，
企劃部
恨
總務部
主任
她原本就忌妒著被分配到明星部門企劃部的妳，
而且自己明明一直待在總務部，卻是日比野小姐被提拔為主任，這讓她益發怨恨，
因而想要扯妳的後腿…應該是這樣吧。
沒錯！就是這樣！
同期的澤井小姐也是這樣說。
為什麼…
原來如此…
嗯
這個問題可能跟根植日本的社會風氣——
「母性原理」有關喔。
嚼嚼
嚼嚼
母性原理？

心理學檔案 19 母性原理

此原理重視團體，認為人無能力高低之分，因此每個人都應該獲得同等待遇。這種社會能培育出合群的人，但另一方面，也容易培養出無個性、年功序列制的社會風氣。

才藝表演人人都是主角
日本第一
桃太郎
日本第一
運動會大家手牽手抵達終點

上述例子都是母性原理過強導致的結果。母性原理溫柔地「包容一切」，但另一方面卻不允許能力差異，有才華的人不但不受重視，還可能被社會排除。

一般認為日本盛行「人人平等」的社會風氣。

▶請見194頁！

走過頭的平等主義，容易忌妒有才華的人，
也就是「樹大招風，槍打出頭鳥」。
怎麼會
我又不是什麼「出頭鳥」…
她其實就是擔心被同期的追過，覺得不安啦。
喝～
唉
她明明可以❗直接跟我說…

❗人容易因「去個人化」等心理效應，而背著別人發表激進言論。

請見200頁！

人氣料理
啤—酒
跟那種人認真，只會擾亂自己的情緒，所以盡量保持距離比較好喔。
而且最好要稟報上司，不要讓大家受到流言蜚語的影響。
唉—
嗚…但那樣做不是會讓自己更惹人厭嗎？

妳不喜歡那樣？
那還有一個辦法，就是利用「**好感的互惠性**」技巧。
!?

心理學檔案 20 好感的互惠性

只要向對方展現善意，在互惠原理下，對方也容易對自己產生好感。

當有人向自己展現善意，我們也會對對方產生好感，這種現象稱為「好感的互惠性」。

行銷實例
請—
您要不要試吃看看？
謝謝您！
除了試吃的商品之外，也不小心買了其他商品…

溝通實例
哼。
這個是要給山根小姐的！
伴手禮！
…
看來她人不壞嘛。

▶請見196頁！

運用這個心理現象，
讓自己先喜歡對方。
很簡單吧？
如此一來，對方也會想
回應你的善意。
原來如此…
逆向思考耶。
我就來試試看！
拚了！！
猛喝
啊啊，不要
喝太多！
總而言之，既然都
被討厭了，
情況再糟也不過
如此，就放手去
做吧。
嗝
好！
隔天
池麵食品

喀嗟 喀嗟
山根小姐！
出現
嚇
轉—頭
什麼事？
關於官方網站的案子呀，
嗯嗯……
是……
雖然那是藤崎君的點子，
但實際執行的人是山根小姐，再麻煩您了喔。

知…知道了…
唔…
反正我的程度也只能做這些事而已…
沒這回事…
正是因為有山根小姐，我們公司的網頁才能夠做得這麼漂亮。
因為…
我們部門負責總務兼行銷，
山根小姐…
我也只不過是被分配到這個工作罷了…
接連不斷的「反正」、「因為」，這個是…
靈光一閃
悠宇之前教我的「防衛機制」…

心理學檔案 21

防衛機制

人為保持心理平衡，在無意識中防衛自我的心理反應稱為「防衛機制」。此外，「反正我就是…」這類自我貶低也屬於防衛機制，保護自己不受遭遇挫折所產生的負面情緒影響。而心理學家佛洛伊德曾引用《伊索寓言》的〈狐狸與葡萄〉故事，就是最典型的例子。

跳跳
跳跳
葡萄好高根本碰不到…
氣噗噗
那種葡萄一定很酸，我才不吃呢！

●防衛機制之一——「合理化」

吃不到葡萄的狐狸就說葡萄酸，找理由讓內心獲得平靜。

▶請見198頁！

這是內心感到不安的人在無意識中產生的心理機制喔。

她跟不久前的我一樣，自尊感低落…
膽戰
心驚
啊哈哈
山根小姐也同樣感到不安…
啊…
在那個瞬間，
我對山根小姐產生了預期外的親近感。
吞口水
沒
沒這回事！

什…什麼？
幹麼突然這麼大聲？
在新進員工的教育訓練時，妳的自我介紹不是也說過妳很會用電腦嗎？
嗯？
!!
抓頭
日比野小姐，妳記的真清楚耶。
抓頭
雖然同期進來的也有男生，但電腦技能最強的就是山根小姐了呀…
運用鏡像效應，有意識地模仿對方的動作…
山根小姐不但有辦法校對網頁的設計，也只有妳懂※標示語言啊…
山根小姐真的很厲害喔！
採取開放姿勢，敞開手臂手掌…
※標示語言（markup language）：定義文件字型大小、顏色等電腦文字編碼。

然後看著對方的眼睛…
而且在企劃部，大家都說「網頁設計得真好」，真的是大受好評呢！
握拳
我應用了好多個悠宇所教授的，
拉近人際距離的溝通技巧…
喔…是喔…
嗯嗯
嗯嗯
真的喔！
所以這次網頁更新的案子，
笑咪咪
也拜託妳囉！

……
知…知道了！
好喔…
放心交給我吧，日比野小姐。
太好了！！
雖然不可能馬上改變山根小姐的心理，
但至少慢慢往好的方向發展！
池麵食品

心理學檔案 19

槍打出頭鳥的社會心理

關鍵字　母性原理

無論是在職場還是社團，所隸屬的團體越多，或多或少都會遇到非刻意的、被扯後腿的情況。這種情況大多是由團體成員的心理反應——**「母性原理」**所引起。

所謂的母性原理指不重視能力高低，強調一視同仁、**人人平等**的心理現象。其特徵為團體成員互相保護，溫柔包容彼此。一般認為日本是母性原理顯著的社會。

母性原理社會的優點在於人人平等，成員間沒有競爭，因此相當和諧。然而，只要有一個人的言行有利於自己，其他人就會群起攻之、「槍打出頭鳥」。

與母性原理恰恰相反的**父性原理**則重視能力，以能力**區分**成員並**劃分階級**。儘管區分能力容易塑造競爭社會，但是有能力的人在這種環境下，反而能充分發揮實力。

在日本行之有年的年功序列制，正是源自強烈的母性原理。在母性原理顯著的社會與環境，易培養出合群的人。

但母性原理社會容易把人寵

解說　父性原理的特徵

① 實力主義

在父性原理社會，凡事都得劃分清楚，因此隸屬這種團體的成員，會依據能力及成果排序。而成員為了讓自己的排名上升，必須拿出成果證明，因而引發激烈的競爭。

② 重視個體性

以父性原理為主的社會有明確的分級排序。想提高自己的排名，並在競爭中勝出，必須具備他人欠缺的能力及自己獨有的優勢。因此，父性原理重視個體性，尊重能力優於他人的個體。

③ 自幼要求獨立

在母性原理顯著的日本，親子一起「川

壞，同時也有權責劃分不清、避事主義的缺點。

另一方面，日本長期以來被稱為貧富差距懸殊的兩極化社會，而過度保護孩子迴避競爭的現象也飽受批評。

雖然母性原理社會不容易過度競爭，但過度重視平等也是問題。

現今的日本社會是母性主義與父性主義的混合體。社會上有往昔要求合群的職場，也有講求實力的歐美風格公司，更有混和兩者型態的企業，所以找工作時就挑選適合自己的公司吧。

字睡」被視為理所當然。但在歐美，孩童從小就有自己的寢室，而這也顯示了歐美社會的父性原理較顯著。

④ 是非分明

在父性原理社會，是非對錯，黑白分明。但是以競爭為優先，未考慮周全，不看場合地在眾人面前教訓人，有可能會讓人失去動力。

母性原理與父性原理的差異

同樣是被誇獎，在母性原理與父性原理的作用下，周遭反應大不同。

外在評價

母性原理強的團體

- 有一個人特別突出時，其他人會感到不滿與憤恨。
- 會想拉下爬到上位的人。

不公平…
不可原諒…
奸詐…

謝…謝謝誇獎…
做得好！

父性原理強的團體

- 若對方業績的確值得讚賞，則不吝於給予掌聲，同時也會想努力提升業績迎頭趕上。
- 若不認同對方，則會提出異議，並試圖讓別人認同自己優於對方。

心理學檔案 20

關鍵字 好感的互惠性

你喜歡我，那我也喜歡你

在第四章已經說明過**互惠原理**（↓112頁），而展現善意當然可發揮互惠原理的作用。在接受別人的善意時，我們也會想要回報同等的善意。上述現象稱為**「好感的互惠性」**，可以用來拉近與難相處者的距離。

只要對方不是恨自己入骨，展現善意並不會令對方反感，甚至能提高對方的**自尊感**。同理可證，當對方向自己釋出善意，我們自然也會報以好感。

即使是面對難相處的人，也適用此產生好感的機制。比方說，假設分送伴手禮能夠傳達善意的話，收到你的伴手禮的人，多半會對你產生好感。

這邊所說的好感，不一定是指戀愛的「喜歡」。諸如感激之情、日常生活的禮尚往來，都是好感的展現。

當人從別人手中得到免費贈品時，容易無意識地視其為對方的善意。所以當我們在超市免費試吃商品，好感的互惠性就會發生作用，讓我們產生「必須買些商品回報人家才行」的心理，最後在超市購買了商品。

心理技巧 好感的互惠性的實際運用

① 笑臉迎人

最簡單的應用好感的互惠性方法就是笑臉迎人。相較於花錢回贈禮物，對方只要簡單地笑臉回應就好。在打招呼時給對方一個簡單的微笑，對方應該也會自然地對自己產生好感。

② 主動伸出援手

在對方有難時伸出援手，如此一來，在互惠原理作用下，對方也會予以回報。即便對方並未接受自己的幫助，你的善意仍然可傳達給對方，讓對方知道「這個人想要幫我」。這不僅可以提升對方對你的好感，且只要有機會對方就會給予回報。所以當對方看起來很困擾時，就出聲詢問對方是否需要幫忙吧。

除了贈送物品外，傾聽對方也是拉近彼此距離的好方法。

當你仔細聆聽對方的說話內容，並給予肯定的回應，對方會認為你展現出善意。因此，在好感的互惠性作用下，對方也會回以善意。

此外，在好感的互惠性作用下，會使得對方產生「他都這麼用心傾聽了，我也必須傾聽對方」的想法，如此一來雙方對話的機會與時間增加，便自然能增進彼此的關係。

③ 誇獎工作表現

人會視別人的誇獎為善意的表現，而誇獎工作成果也有相同的效果。若對方是難相處的人，很難立即誇獎其人格特質。但若是談論對方的工作表現，由於工作相較於其他面向更容易發掘出優點，因此也更容易予以讚美。

厭惡與讓步的互惠性

除了好感的互惠性和自我揭露（→ 112 頁）外，互惠原理還包括厭惡的互惠性及讓步的互惠性等兩種形式。想要拉近與難相處對象的距離，就必須理解不同的心理原則，適當地應用以下心理技巧。

厭惡的互惠性

此指的是：「當我們討厭對方，對方也會討厭我們」。即便自己沒有顯露厭惡感，也會無意識地表現出嫌惡反應（→ 190 頁），而陷入厭惡的無限循環。想切斷這種惡性循環，必須改變自己「厭惡」他人的情緒。

要點

- 與對方保持距離，可減少厭惡感。
- 即便從周遭的人聽到討厭對象的事情，也盡量正面接受。

讓步的互惠性

此指的是：「對方讓步時，我們也會不自覺地讓步」。這是最容易打造雙贏關係的心理效應。具體而言，先向對方提出期望，自己再退讓，如此對方會視你的讓步為善意表現，以讓步作為回報。除此之外，對方也會對你更有好感。

要點

- 讓步的互惠性，是針對對方讓步這個「結果」所產生的心理反應。
- 彼此讓步能建立起對等的關係。

心理學檔案 21

無意識的逃避心理

關鍵字　防衛機制

人會無意識地保護自己不受負面情緒的影響。比方說，由於需求未獲得滿足，引發壓力等不愉快的情緒，故藉由逃避來穩定心情，這種心理反應稱為**「防衛機制」**（defense mechanism）。

防衛機制最經典的例子，應該就屬精神分析的開山始祖——佛洛伊德，引用《伊索寓言》中的「酸葡萄」故事說明的**合理化**心理。

該故事內容為，狐狸吃不到高處的葡萄，就嫌說「葡萄一定很酸，我才不要吃」。而擬人化的狐狸心理也適用於人類身上。

還有其他不同類型的防衛機制，如面對失敗或是發生問題時的「自我責備」。

有強烈自我懲罰傾向的人，大多自我評價低落，他們藉由責備自己，以減輕給旁人帶來麻煩的**罪惡感**。

此外，滿口專業術語，把簡單的事講得很複雜，是對自己沒信心、**自卑情結**的反作用。那類人無意識地逃避面對自己的情緒和需求，也躲避磨練心性所帶來的痛苦，因此用多餘且無意義的

解說　防衛機制的類型

① 合理化

事後尋找自己可接受的理由，以合理化不利於自己的現實狀況。比如，那時太忙了、「身體欠佳」等等，找各種藉口為自己辯解。

② 壓抑

認為自己的需求無法被滿足，便無意識地壓抑自己真正的欲望。但內心深處的不滿情緒依舊存在，因此在不知不覺中逐漸累積壓力。

③ 補償

利用其他事物填補欲求不滿的空虛作為彌補。比方說，想養貓，但住處禁止飼

知識，及吹噓個人能力來保護自己。

除此之外，防衛機制其實還有許多形式。比方說，明明渴望受人歡迎，卻說自己對戀愛沒興趣，而**沉迷**於興趣中，或被別人糾正錯誤，卻認為「那個人討厭我」來**責任轉移**等等。

當彼此關係不太融洽的人出現上述防衛機制時，可以思考如何消除對方的不安。

只要運用心理學的技巧，仔細聆聽對方、誇獎並同理對方，對方的態度應該就會逐漸好轉。

養寵物，所以改養金魚等。

④ 逃避

透過責任轉移等，無意識地逃避不愉快的事物，並對現實問題視而不見。如到了上學時間就肚子痛、受到斥責就想睡覺等。

情緒的苦，身體知道

人的防衛機制有時也會影響身體狀況。就像「不想上學」的孩子發高燒一樣，逃避討厭的事情時，強烈的情緒會激發生理反應，改變身體狀況。但在討厭的事情消失之後，相關生理反應也會馬上消退。

結帳的時候

比方說，有些人每當聚餐結束要結帳時，都會尿遁跑去上廁所。這種情況有可能是因為不想付錢的心理引發尿意。

心理面面觀

匿名性點燃攻擊衝動

去個人化

運動比賽上經常可以看到倒喝采的觀眾，但若觀眾只有寥寥數人便不會出現攻擊性言詞。這種現象應源自「在無法識別特定個人的人群當中，應該不會被追究」的想法。

當身處在人群之中、無法識別特定個人的時候，人的責任感和道德心就會變得薄弱。

此外，當自己的發言不會被追究責任時，**平時壓抑的情緒就會自然湧現**。上述心理現象稱為**「去個人化」**（deindividuation），近年來匿名的網路世界就是最好的例子。

網路為現代日常生活中不可或缺的事物，但便利的另一面則是，它也成為毀謗、中傷、歧視性言論的溫床。

很少人會實名或露臉發表攻擊性言論，大多數的網路霸凌都無從得知發言者的身分，因此也有人藉此發洩壓力。「沒人知道我是誰」、**「可以匿名發言的環境」**容易導致去個人化行為。

尤其是利用網路暱稱維持匿名性，在留言板上互動時，經常會出現**不顧後果**，任由情緒擺布，充滿攻擊性語言的網路謾罵。在匿名的網路世界，原本具備的道德與**規範**幾乎消失殆盡，濫用言語暴力不斷對外**攻擊**。

同理可證，就算在非網路世界如職場，辦公室謠言也會因為謠言傳得越遠，匿名性越高，**誇大其辭也不容易被發現**，所以說話容易加油添醋。

基本的對應謠言方式就是「忽視」、「有人問就嚴正澄清」，讓謠言隨著時間消逝為最佳策略。若知道造謠者的身分，改善與那個人的關係也是一個好方法。

群眾心理與去個人化

法國社會心理學家勒龐（Gustave Le Bon）指出，當擁有相同目的的群眾聚集在一起時，容易去個人化，出現「暴動」或「無秩序」等滿足原始欲望卻偏離原先目的的暴力行為。

例如 行人聚集於十字路口

日本足球代表隊比賽結束後，大家為了做平常沒辦法做的事──跟不認識的人擊掌分享喜悅，大量的加油群眾聚集到澀谷站前的十字路口。但當過多群眾聚集於十字路口時，大家甚至會無視交通號誌，導致交通阻塞。

例如 萬聖節遊行

澀谷街頭擠滿前來參加變裝遊行的年輕人。由於變裝加上人數眾多，個人言行舉止的辨識度低，因此有許多人穿著奇裝異服、盡情玩鬧。

例如 政治性集會遊行

當政治集會的遊行人數眾多時，有些人會出現大肆謾罵特定政治人物、爆粗口等去個人化的行為，藉機發洩不滿情緒。

津巴多的電擊實驗

社會心理學家津巴多（Philip George Zimbardo）透過女大學生的電擊實驗，證實去個人化的狀態會降低人的自我控制能力，產生殘暴的行為。
實驗的方式是委託女受試者擔任電擊者，並比較蒙面者與別上名牌者之間的差異。實驗結果顯示，蒙面受試者電擊他人的時間，是可識別身分者的兩倍。

去個人化的狀態會誘發出自己不為人知的一面。

心理面面觀

謠言心理學

溫莎效應

無論是在公司還是網路世界，多數人應該都聽過一些毫無根據的謠言。

即便是憑空捏造的謠言，人們也會認為「無風不起浪」、「應該有些地方是真的吧」。而不自覺地相信謠言的心理，可以用心理學的**「溫莎效應」**（Windsor effect）來說明。

人們容易聽信謠言的原因在於，謠言是從第三者聽來的消息。如果是當事人或利害關係人說的話，反而覺得可信度不高，但與當事人無關的第三者所說的話，聽起來卻比較正確可信。

此外，「大家都知道的資訊＝正確的資訊」，即**「從眾效應」**（bandwagon effect）也是造成謠言廣為流傳的原因之一。

明明為假消息，卻因為「大家都那樣認為」所以相信消息屬實，而出現從眾心理。

除此之外，一旦相信就認為「一定沒錯」的**確認偏誤**（confirmation bias），以及一旦決定就不想改變的**一致性偏誤**（consistency bias）發揮作用時，也會使得人們容易聽信謠言。上述心理現象為謠言增添了不少真實性。

心理學用語 Check!

間接增強

溫莎效應不只出現於不特定多數人謠傳流言之際，它原指「○○誇獎你××喔」這類透過第三者傳達讚賞，能對當事人帶來較大影響力的「間接增強」現象。因此，溫莎效應也適用於職場。比方說，相較於直接誇獎後輩或屬下，透過第三者傳達的效果更好，而間接增強也是提高工作幹勁的好方法。

第8章

打造人際和諧的社交心理學

在那之後，我也有意識地與山根小姐攀談，解開她的心防。
辛苦了！要不要休息一下？
我看到問卷的網頁了喔～
真不愧是山根小姐！好厲害。
謝…謝謝…
我們之間的距離越來越近…我的負面謠言似乎也消失了。
藤崎君也變得越來越可靠了。
這個讓我來！
謝謝！關於這個案件啊…
啊，我來接！
叮鈴鈴鈴

搭起
您好，
這裡是池麵食品……
轟
這玩意是瑕疵品啊！你們要怎麼賠償我？
!?
喂！你有沒有在聽啊？
?
非…非常抱歉，
請問是什麼問題…
忐忐不安

❗身處孤立無援的環境，是老人家容易「暴走」的原因之一。

請見228頁！

處理客訴的方法很多。 請見230頁！

是，這是我調來總務部之後第一次碰到。
我也只有處理過一、兩次…
這樣啊
因為我們客訴案件也沒有很多啦…
那請你們向部長報告，請示處理方式。
是，那麼…
我們該怎麼處理呢？
我知道了。
就交給你們負責。
咦？
什麼？
咦？
您沒什麼指示嗎？
整理
整理
對呀，你們兩位自己處理看看。
緊張

即便您這樣說
驚慌失措
我們該怎麼辦…
理智斷線!!
轟隆隆隆隆
部長…
您這樣會讓兩位年輕人很困擾。
您難道不給點意見嗎!
雙手壓桌
鮫島君，你是怎麼啦?
現在不好好處理客訴，
可是會引發企業危機的!
請您適當地給點意見!
秋葵拉麵變難吃了。
再也不買了!掰掰囉～
討厭
池麵食品這間公司真爛。
員工態度有夠差，大家應該要拒買。
原來如此
喔喔，
原來是這樣啊。

鮫島君好像也不擅長處理客訴嘛。
爆青筋
糟了！
課長！
放輕鬆 放輕鬆
啊
嘆——
氣
所以啊…部長您是處理客訴高手，就拜託您了。
您說的沒錯。
咦，是喔。
鮫島君擔心的事我懂了。
我可能也沒說明清楚。
我之所以沒特別指示，是因為我覺得這個客訴並不嚴重。
咦
是…是這樣啊？

那位客人應該純粹只是發洩情緒，不是惡質的客訴吧。
在那種情況下，總之就是傾聽客人的話。
客人在說話的過程中，
會逐漸消氣，然後接受道歉。
是這樣嗎？
當然，調查製程是否有問題是大前提喔。
是！
福田先生那天並未來訪，
剛好隔天放假，我就找悠宇商量這件事。
對方好像非常生氣…
原來如此，是個麻煩的問題呢。
……
ST.Coffe
事情大概是這樣。
不過
是可以理解他為什麼生氣…
喝
但是把問題歸咎於產品有瑕疵而暴怒，
那有可能是「歸因偏誤」喔。

心理學檔案 22 歸因理論

「因果歸因」（causal attribution）指人們為了解釋曖昧不清事件的成因，而推論因果關係。心理學家費里茲·海德主張，人的行為大致可歸因於內在因素與外在因素。
這種尋找原因的歸因傾向，會大幅影響我們對外採取的態度與行為。
這就是歸因

內在歸因
我不夠用功。
將成績不好歸咎於內在個人因素。
外在歸因
成績不好是意外，都是因為我運氣不好。
將成績不好歸咎於外在環境因素。

▶請見222頁！

當歸因偏誤傾向強，就有可能出現想法與客觀事實不符的現象，
即所謂的──「歸因偏誤」。
喔…
歸因偏誤…
那個人將沒有調味油包的原因歸咎於「企業製造出瑕疵品」，所以屬於外在歸因。
不過現在還在調查製程是否有問題，對不對？
是的。
明明原因不明，卻視別人的失敗是其努力或才華不夠，
而自身失敗都是別人或環境所致…此歸因偏誤稱為「行為者－觀察者偏誤」。
原…原來如此。

那位客人應該有點年紀對吧？
啊
沒錯……
有研究指出，老人易動怒，
可能是因為離「社會支持」太遠所致。
有無社會支持會大幅影響人的壓力與情緒。
心理學檔案 23 社會支持
社會支持指在社會關係當中，周遭環境所提供的物質或心理支持。人經常處於高壓狀態，但只要社會支持夠堅固，就能間接地減輕壓力。隨著核心家庭發展，街坊鄰居關係淡薄，使得高齡長者容易孤立於社會之外，「暴走老人」不斷增加。
現在的年輕人真的是…
吵死了……
▶請見224頁！
社會支持低落，容易對身心狀態帶來負面影響，
而在那種心理狀態下，人容易到處客訴。
喔…
這樣啊…對方的性格越來越清晰了。
然後啊，假如對方沒有惡意，就可以這樣處理…
吞口水
好…好的！

青木先生的指示非常正確喔。
咦
一直聽對方說話就可以了嗎？
沒錯。
而且在對方生氣的過程中，妳能從對方的表情觀察到怒氣漸消的樣子喔！
啊哈哈
真的是這樣嗎…
想要抑制人的攻擊本能，必須讓對方「宣洩」情緒。
嗯
喔…
宣洩情緒？

透過對事物產生感動與興奮之情，釋放累積太多的能量。

心理學檔案 24 宣洩（淨化作用）

精神科醫師佛洛依德認為，人的行為源自兩股力量，即性本能的能量「原慾」，以及破壞力的來源「死之本能」。而且他主張，必須經常尋找管道宣洩那些能量，因此人天生具有攻擊性。

觀看格鬥技
上啊，幹掉他！
透過運動昇華
噠
噠
噠
看影劇哭泣
淚
太感動了！

▶請見226頁！

那面對那位客人的客訴…
應該怎麼做…
讓他暢所欲言，宣洩心中的不快。
小心不要讓對方覺得妳在找藉口，或是在試圖說服他。
好的！
喀啷
那個，悠宇…
嗯？
怎麼了？
謝謝你，一直給我這麼多意見。
害臊
害臊
嗯。
呆

聽你剛才說社會支持，讓我發覺，
和悠宇的這段關係對我來說十分重要。
若不會造成您的困擾，希望今後也能維持這樣的關係。
啊
怎麼講得好像在告白…
羞
啊哈哈
當然沒問題！
啊，不過我的正業可能會越來越忙了。
因為烹飪教室停課，剛好這個時段我也沒有門診，
但之後這個時間我未必有空。
咦？
喔。

但只要妳有事想商量，
都可以隨時聯絡我喔。
讚
啊哈哈…
就我的觀察，
嘆氣
我們應該是沒譜了…
隔天週一
客人到了…
吞口水
了解了…
會客室
池麵食

咚
給我看清楚！
乾燥蔬菜包
湯包 調味粉
黏糊糊！秋葵拉麵
黏糊糊！
裡面真的沒有調味油包…
這是怎麼回事？
真的非常抱歉，我們準備了一袋商品作為補償…
那…那個
池麵食品
我是在問你這是怎麼回事？回答我的問題！
現在我們正在確認製程是否有缺失…
現
怒
丟
是瞧不起我嗎？
呀——
啊

咚
!!
啊
我們非常了解您因為商品有瑕疵而感到不愉快。
原因正在調查當中，之後會給您正式的答覆，
在此向您致上最深的歉意！
藤崎君…
鞠躬
啊
鞠躬
真的非常抱歉！
唔…

……
哼
算…算了！
那…這我就帶走了喔！
提
泡麵食品
哼
大步
大步
鬆一口氣
呼～
藤崎君你還好嗎？
剛才…
妳說被泡麵打到嗎？
啊哈哈

微笑
那種程度根本不會受傷。
這…這樣啊。太好了！
撲通
奇怪？
撲通
撲通
這是怎麼回事？我…
我的心撲通撲通地跳…
撲通
撲通
真…真的嗎？
這個是？
沒事、沒事！
撲通
撲通

心理學檔案 22

關鍵字 歸因理論

失敗是誰的錯？

當事情發生時，人們容易把問題歸咎於「自己」或「外在環境」，這種心理反應稱為**「歸因」**（attribution）。

歸因可分為歸咎於個人因素（都是自己的錯），即**「內在歸因」**，以及歸咎於非個人的外部因素（都是別人或環境的錯），即**「外在歸因」**。歸因方式不同，對他人的態度和行為也會有所差異。

比方說，遇到列車誤點時，內在歸因型的人會認為原因出在「都是自己貪睡了十分鐘」，外在歸因型的人則會認為「都是列車誤點的錯」。但無論是將責任單方面推給貪睡或列車誤點，都是一種**認知偏誤**。

而單方面歸咎事物成因的行為，在心理學稱為**「歸因偏誤」**（attribution error）。

內在歸因型的人為了不再因貪睡而遲到，會努力設法自我改善，如不熬夜、把鬧鐘設定早十分鐘等。

而外在歸因型的人則認為遲到「都是列車的錯」，所以不會刻意改變自身行為。從遲到一例

解說

維納的成敗歸因理論

美國心理學家維納（Bernard Weiner）將因果歸因分為內在和外在，及穩定和不穩定等四個因素，把人分為四類。

① 內在因素 × 穩定因素

這類型的人認為一切都是自己（內在）不可變的能力（穩定）所致。他們如實地接受事實，但不會試圖改變自己。

② 內在因素 × 不穩定因素

無論成功或失敗，這類型的人認為是自己（內在）努力（不穩定）的結果，而失敗時會認為自己要更加努力。

③ 外在因素 × 穩定因素

這類型的人認為，問題跟自己的能力和

可知，只要知道對方的歸因方式，便能掌握對方的思考模式。

面對職場上的人際關係，只要了解屬下或同事的歸因類型，就可以運用不同的人際關係技巧與各種類型的人相處。

內在歸因型的人經常背負不必要的責任，因此協助其釐清責任範圍，能夠為對方減輕壓力和壓力源。

如果是外在歸因型的人，協助其釐清問題根源，以及講明後續應採取的行動，可以幫助對方不再犯下同樣的錯誤。

面對不同歸因類型的人運用不同的技巧，如此一來，那些有歸因偏誤傾向的人應會視你為可靠的夥伴。

努力等內在因素無關，而是取決於外在環境的問題難易度（穩定），因此失敗時會認為是課題太困難所致。

④ 外在因素×不穩定因素

這類型的人認為外在環境的時機和運氣（不穩定）決定了一切，因此無論成功或失敗皆基於偶然。

職場上的歸因偏誤

在職場上，屬下被上司罵的場景應該普遍可見。但在責罵背後，無論是上司或屬下甚至是雙方，都可能受到歸因偏誤的影響。

上司：擅自斷定責任歸屬

「每次都出錯，這次一定也是他的問題」，像這樣擅自斷定責任歸屬，屬於外在歸因偏誤（把責任推給別人）。

屬下：擅自判斷自己失責

「上司的話絕對正確」、「所以一定是自己不對」，像這樣擅自判斷自己失責，便是內在歸因偏誤（把責任推給自己）。

有歸因偏誤傾向的人難以自我改善，需要他人的指正或意見。

心理學檔案 23

關鍵字 社會支持

釋放壓力的人際交流

當一個人獨自加班，沒有同事協助時，應該會倍感壓力吧。相反地，只要有別人的幫助或鼓勵，再困難的問題也能夠克服。

像這樣透過旁人給予直接或間接的協助，消除壓力的機制稱為**「社會支持」**（social support）。

社會支持不僅止於行政單位提供補助金與物資等**物質支援**。另外像是給予對方工作上的協助、說「真是辛苦了」等一句關心，或聽對方抱怨、幫助對方減輕壓力或負面情緒也是一種社會支持。

此外，工作績效提升，感覺自己受到他人認同，也屬於一種社會支持，這在心理學稱為**「評價性支持」**（appraisal support）。

但有時候也會有人際關係薄弱，沒有什麼人願意幫助自己的情況。

由於核心家庭越來越多，近年來退休的高齡長者缺乏社會支持的情況越來越顯著。

當我們充滿壓力時，容易對他人抱持**敵意**，出現被害妄想等

解說 社會支持的類型

① 情緒性支持

旁人給予的愛與信賴，會成為當事人的心靈支持。其中並不僅止於家人或伴侶的愛，職場上司或同事提供的「鼓勵」和「支持」，也極有助於減輕壓力。

② 工具性支持

工具性支持指提供物資等物質支援。另外，「在職場上願意協助他人」、「朋友幫忙代勞」等也是此種支持類型。

③ 訊息性支持

訊息性支持指提供解決問題所需的資訊，屬於間接性支持。比方說，朋友、同事、上司等願意作為商量對象，提供

認知扭曲的問題。

若長期維持高壓狀態，會加劇奧客般的言行，身邊的人逐漸離去，身心狀態越來越不健康。為避免陷入這種情況，社會支持是人不可或缺的情感連結。

另一方面，所屬的參照團體（→282頁）越多，得到社會支持的機會就越多。當我們感到孤獨時，打電話給關係疏遠的朋友或家人，或加入社團，促進自己與他人之間的連結，能讓自己更容易接受到社會支持。

解決問題的資訊。

④ 認知性支持

在工作或生活上，周遭的人正面肯定當事人的想法或行動，也是一種強而有力的社會支持。這能提升自尊感，使人正向積極地因應事物。

卡普蘭的危機理論

心理嚴重失衡的情況稱為「心理危機」。當人遭遇心理危機時，會出現以下症狀。

情感領域

恐懼、不安、悲傷、憤怒、冷漠、無力感、自責、不信任感。

認知領域

記憶力減退、注意力低落、思考力衰退、判斷力下降。

身體領域

心悸、過度換氣、肌肉緊繃（肩膀僵硬）、頭痛、失眠、食慾不振。

行為領域

嗜好品（菸、酒）用量增加、活動力變差或過動、過度依賴、拒絕別人的幫助。

▼

最佳預防心理危機的對策就是社會支持。危機理論的建構者卡普蘭（Gerald Caplan）指出，所屬團體應該提供下述支持，預防團體成員陷入心理危機。

初級預防（預防發生）

為避免團體成員陷入心理危機，相互溝通以降低發生機率。

次級預防（預防惡化）

在成員症狀惡化之前介入（提供支持），讓危害降到最低。

三級預防（預防再次發生）

為預防成員再度陷入危機，協助擺脫心理危機的成員努力復健。

心理學檔案 24

解決情緒困擾的心理技巧

關鍵字 宣洩（淨化作用）

大家都有因為疲倦、工作受挫，而把情緒發洩到別人身上的經驗。

精神分析理論的開山始祖佛洛依德主張，人**焦躁不安**的根源來自人類的本能「性」與「暴力」的衝動源頭**「原慾」**，以及破壞力的來源**「死之本能」**（Thanatos）。

佛洛依德認為死之本能也是**自我毀滅的衝動**，人為避免傷害自己，會無意識地將這種破壞能量指向外部，而形成對外**攻擊的本能**。

因此人會透過各種行為發洩攻擊的欲望，這種**宣洩**行為在心理學稱為**「淨化作用」**（catharsis）。

比方說，玩遊戲、運動，或觀看格鬥技比賽，讓選手代替自己上場戰鬥，或閱讀格鬥技雜誌等，都是有效消除攻擊欲望的實例。其他如流淚宣洩情緒、健身等，也都能達到宣洩效果。

利用不同的間接宣洩形式，讓情緒得到出口，洗滌人的攻擊欲望，並宣洩壓力，以取得心理平衡。

心理技巧

排解負面情緒的技巧

工作

區分場合，找到情緒出口

當工作進度不如預期，心情感到煩躁時，會讓人不禁想開口抱怨。但工作時發牢騷會降低工作幹勁（→169頁）。因此在工作以外的場所發洩情緒，如「酒席上吐苦水」等，為自己找到一個明確的情緒出口，能幫助自己整理情緒、加快工作效率。

生活

不壓抑情緒

若對方有錯，不要委屈自己討好別人（→28頁），而把苦往肚裡吞，應該要表達出自己的憤怒。如此一來，不但可從對方的回應了解對方的想法，也能拉近彼此的距離。若有問題憋著不說，一次爆發出來，反而讓雙方無從溝通，只有的人利用健全的方式淨化內心的攻擊欲，但也有的人是透過爆粗口、背地說人壞話，或在網路上匿名留言中傷他人等方式宣洩情緒。

儘管那些惡劣的方法能直接滿足人的攻擊欲望，短期間能有效宣洩情緒。但反覆運用此類方法容易引發部分增強（↓174頁）現象，使人攻擊性越來越強，也無法消除壓力。

在職場上遇到情緒焦躁的人時，不妨問一下對方利用什麼方式消除壓力，再提供正確的減壓方式給對方。

是不斷累積壓力。

家庭

清楚溝通

雖然發洩情緒能達到淨化作用，但如果伴侶吵架充滿著威嚇及侮辱性言詞，留下的只有怨恨和傷害。不要以言語傷害及貶損對方，而是清楚表達自己的主張，才能讓彼此的情緒找到出口。

簡易有效的減壓法

除了前述的減壓方式之外，以下方法也能幫助我們宣洩情緒、消除壓力。

喝酒

酒精能促進血液循環、緩解肌肉緊繃。此外，與夥伴或同事開心聊天也能發洩壓力。

唱卡拉 OK

大聲唱歌能讓人體會到平時難以感受的舒暢感，並宣洩被壓抑的情緒。

與動物互動

就如動物輔助治療，到貓咪咖啡廳或動物園跟可愛小動物互動，能夠讓大腦分泌催產素，緩和焦慮不安的情緒、減輕壓力。

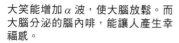

看搞笑節目

大笑能增加 α 波，使大腦放鬆。而大腦分泌的腦內啡，能讓人產生幸福感。

雖然對某些人而言，只是因為興之所致才做上述事情，未必是為了消除壓力，但上述活動的確有助於緩和焦躁的情緒。

心理 面面觀

現代社會的病態人格

孤獨感

人隨著成長，活動領域和交友範圍越來越廣。

小時候的人際網絡可能只有家人或鄰居，但上學之後結交了朋友，出社會後多了同事。隨著年紀增長，人際連結越來越多，每個人也從中培養主體性與社會性。

但如果成長過程中並未建構出綿密的人際網絡，又或者是因為工作而離開家鄉，與家人朋友的關係變得疏遠時，可能會讓人感到**孤獨**。

人是具有**認知需求**本能的社會性動物，因此孤獨會帶來極大的壓力與精神負擔。當人壓力大的時候，會感到焦慮不安、攻擊性上升，生活甚至可能出現問題（↓140頁）。現代社會應該有不少暴走老人或年輕人，因為與家人的關係疏遠、社會人際網絡邊緣化，而感到孤獨無助。

但也有些人長大成人後，覺得交新朋友很麻煩，或是覺得「要是失敗了怎麼辦」，而迴避與他人建立新的關係。許多人只在**社群網路**或網路上建立關係，應該也是基於上述想法。

網路世界的匿名性高，一旦感到厭煩就可以迅速切斷關係，簡單又安心。但必須留意的是，便利的另一面為無法建立穩固的信賴關係。比方說，為了討好對方而過度**自我呈現**（↓110頁），使自己無法自拔，或**不斷委屈自己討好別人**（↓28頁），反而累積更多壓力。要小心不要因為過度害怕孤獨，而讓自己自尊低落，對**網路產生心理依賴**。

為避免上述情形，建立新的人際關係便相當重要。比方說，拉近同事關係近一步發展出友誼，或加入社會人士的社團結交朋友。

網路孤獨症

渴望認同

在網路上講話有點誇大的情況很常見，這便是所謂的自我呈現（→ 110頁）。而人們也可能因為網路暱稱提供高度匿名性，而自我揭露（→ 112頁）、吐露真心話。這種行為是源自於希望獲得他人認可的認同需求（→ 116 頁）。

討好或按讚

在社群媒體上按讚，屬於一種討好別人以取得好感的行為（→ 28、88 頁）。而按讚的動機也各不相同，可能是「雖然我不這麼想，但大家都按讚了，所以我也按讚」這類自我貶抑式的討好行為。或者是為了博得他人好感而「模仿別人」，藉由從眾以獲得安全感的防衛機制。

求讚若渴

一旦得到大量的「讚」，就會「希望大家再這樣讚美自己」，而不斷發文，即所謂的部分增強心理（→ 174 頁）。另一方面，也會出現「大家一定會看貼文並留言」等為了讀者而更新部落格的連續增強心理。

顯露性格的黑暗面

除了例外情形，社群網路基本上都使用網路暱稱，無法找出特定個人，因此有些人在網路上言詞粗暴，變成跟平時不同、強勢的人（→ 200 頁）。最具代表性的例子就是「網路撻伐」，有些人會藉機在網路上攻擊別人，以宣洩（→ 226 頁）不滿。

孤獨的負面影響

有許多研究指出，孤獨會對身心帶來不良的影響。

死亡率上升

楊百翰大學的研究指出，感到孤獨的人死亡率較高，而獨居則使死亡風險增加三二%。

睡眠品質下降

杜克大學的研究顯示，感到孤獨者的睡眠時間與入睡時間等睡眠品質較差，而且當事人也能強烈感受到自己睡不好。

變得更孤獨

儘管感到孤獨的人想跟他人建立關係，卻因為害怕被拒絕而迴避與人接觸，只是一味逃避現實，並深陷其中無法自拔，導致自己變得更加孤獨。

心理 面面觀

理解客訴者的心情

客訴處理技巧

處理客訴的關鍵在於，掌握客人抱怨背後真正的需求。只要理解顧問業也經常使用的心理學概念，便能不被對方的氣勢壓倒，巧妙地處理客訴。

比方說，投訴商品問題的客人大多強烈覺得自己「遭到背叛」。「明明聽說很○○」、「原本以為用這個商品就可以○○」等滿心期待著自己購買的商品，卻事與願違而充滿失望和憤怒。

遇到這種客人，就採取**鏡像效應**（→88頁）等同理策略，向對方傳達你有「認真傾聽」，然後適時地附和對方，不要讓談話斷掉，讓對方感受到你理解並認同他。另外，藉由「道歉」**讓對方的情緒得到出口**（→226頁）、使對方獲得滿足感，也是有效的方法。

然而，不要因為是客訴，就不分青紅皂白地道歉，這樣並無法平息對方的怒氣。即便是送禮也沒有效，因為對方要的是同理心和理解。所以仔細地傾聽對方，理解對方的想法後再適當地表示歉意。

除此之外，藉由提出解決方案，讓對方對你產生信任感，如此不僅能平息客人的怒氣，對方應該也會願意聽你說話。

心理學用語 Check!

敵意歸因偏誤

有些人傾向認為別人的言行舉止都帶有惡意，此為認知扭曲（→30頁）的敵意歸因偏誤（hostile attribution bias）。這類型的人容易出現攻擊性，像是在人潮擁擠的街道上，若有人不小心碰撞到自己的肩膀，也會覺得對方是「故意的」，經常跟人起衝突。若你跟這類型的人發生衝突，先向對方表示你沒有惡意，試著讓對方恢復冷靜。

第9章

撩動人心的戀愛心理學

真的非常抱歉！
真是對不住——
客訴事件兩天之後，
呆住
福田先生再次來訪。
客訴隔天
隆隆——
老伴走了一個人住，也要打掃一下才行…
隆隆——
喀
每朝新聞
？
什麼
調味油包
是…調味油包…

飄
怎麼會這樣…
我竟然…
沒確認清楚，真是太丟臉了…
我想表達點歉意，請收下這個。
別這麼說
請您抬起頭來。
話說回來，
前幾天，你那堅毅的態度實在是太了不起了！
沒有啦…
福田先生從以前似乎就是「黏糊糊！秋葵拉麵」的超級粉絲。
真的很對不住！
握緊
好…好的
今後我會更加支持池麵食品的！

呼——
太好了…
解決了這個問題之後，
喔喔
幹得好喔！
很行喔
老實說，藤崎君你讓人刮目相看了呢。
藤崎君的評價也跟著水漲船高…
謝…謝謝
……

咚
咚
啊
從那次以後，我就變得有點奇怪。
嗯…
我難道就這樣突然喜歡上他了嗎？
他還比我年輕…
之前明明還覺得悠宇不錯的說。
等等
這樣是不是太沒節操了？
腦內小劇場
雖然我本來就覺得他很可愛，
他最近的表現也令人刮目相看…
咚隆
咚隆

撲通
撲通
但回過神來，我竟滿腦都是藤崎君的事…
翻身
不對，我喜歡年紀比我大，而且可靠的人…
可靠…
撲通
看來，
我不得不承認…
起身

我…
好像喜歡上藤崎君了！
咦
？
微笑
縮成一團
嗚…
這種時候竟然還想找悠宇幫忙…
但是，
也只能趁現在拜託悠宇了，
下次找他商量看看！
雖然說他最近會變得很忙
我似乎是個比自己想像中更懂得算計的女人…

花形老師出院後，學生們為她舉辦了慶祝出院的派對。
不好意思，讓大家擔心了！
雖然還要一段時間才能重新開課，
但重新開課之後，大家再一起做健康好吃的起司料理吧！
鼓掌
鼓掌
鼓掌
鼓掌
鼓掌
老師，這是大家準備的禮物。
鼓掌
鼓掌
哎呀，謝謝！真開心！
老師平安出院，真是太好了…
真的！雖然是慢性病，但所幸沒什麼大礙。
鼓掌
鼓掌

那個，悠宇⋯
嗯？
你等一下有空嗎？
這附近有間好餐廳喔
呼呼～
哇喔，還真是突然呢。
儘管如此，
嗯
喜歡上人是件好事喔！
是喔～
嘿嘿
倒
倒
滿出來了
滿出來了
但以前的我根本不會喜歡上藤崎君這樣的人。
我比較喜歡有男人味的⋯
是喔？
對呀，所以我也不太懂自己的心情⋯

用心理學可以簡單說明，為什麼妳會在那個時間點喜歡上他。
咦？很簡單？
對。
用知名的「吊橋效應」！

心理學檔案 25 吊橋效應

心理社會學家唐諾．達頓和亞瑟．阿隆認為，不是只有一種產生感情的途徑，除了「因為喜歡所以心跳加快」之外，也有「因為心跳加快所以喜歡」的可能，因此設計了知名的「戀愛吊橋實驗」。

搖晃的吊橋
不搖晃的吊橋
撲通撲通
搖來搖去
撲通
撲通
不需要聯絡方式

受試者誤以為內心的不安和亢奮是戀愛的心臟怦怦跳。

▶請見250頁！

是喔
我知道吊橋效應。但沒想到竟然發生在我身上…
之前不是提過歸因偏誤嗎？這也是歸因偏誤的一種。
呵呵
鬼屋之所以成為約會必去的地方，
可能也是希望對方將緊張興奮的情緒，當作是戀愛的心跳加快吧。

所以只要找單戀對象去鬼屋，對方就會輕易愛上我囉…
撲通
撲通
鬼屋
站起來
哎呀！
不過有實驗顯示，如果對方不覺得自己有魅力，
吊橋效應反而可能會帶來反效果，要小心。
這個技巧其實不太好用耶…
什──麼嘛
坐下
原來如此啊～
不過
這只是從心理學的角度來解釋而已。
我也想到，在心理學上還有另一種解釋，
稱作「認知失調理論」。
對呀
所以我覺得妳會對藤崎君心動，
有可能是源自處理客訴時的緊張和不安…
又是某種認知心理嗎？
啊哈哈
沒錯，就是某種認知心理。

心理學檔案 26 認知失調理論

當自己的想法與實際行為或一般常識間彼此矛盾時，心理會失衡。心理學家費斯汀格稱此心理現象為「認知失調理論」。當某個事件發生，人為了消除行為與態度間的矛盾，會試圖調整自己的想法，以拉近行為與想法間的差距。

心理狀態不穩定
抽菸有害健康…我也不想因此生病，但我還是一直抽菸。
改變想法，消除矛盾
抽菸可以消解壓力，而且有些人即便抽菸也很長壽不是嗎！

▶請見252頁！

當人的想法和行動彼此矛盾時，
人傾向調整想法，消除矛盾。
想法
改變這裡
行為

也就是說…
妳可能出現了「想消除行為與態度間的矛盾」的心理。也就是說，由於自己曾下功夫幫助他成長，
內心因而認為「我可能本來就喜歡他」。
嗯
嗯嗯，的確。我在背後觀察他的時候，好像真的發現了他的許多優點…
受誇獎就變得幹勁十足、積極主動
遇到緊急狀況會很有男子氣概
但是…
雖然可以用心理學說明日比野小姐的戀愛心理，
咦
但日比野小姐現在是什麼心情呢？

我的心情…
哈哈，其實還蠻明確的。
藤崎君既溫柔，又很有責任感，
最近工作上更變得越來越可靠，
長得也算好看…
我承認自己喜歡上他了。
只不過…
我還是第一次這樣喜歡上人…
嗯
無論怎麼喜歡上的，喜歡的心情是真實的喔。
對日比野小姐來說，這份心情是非常重要的東西，
希望妳能好好珍惜呢。
開心
好的…謝謝！

話說回來，戀愛是兩個人的事吧。
嗯？
妳也必須重視❗他的想法才行。
應該要從這一步開始不是嗎？
啊哈哈
你說的對耶。
因為是我喜歡上他，所以應該由我告白吧。
嘆氣～
嗯…光想就覺得好緊張。
我二十八歲了…
空窗期也很久…
沉～重
適婚年齡
在尋找下一個戀愛對象時，也差不多要考慮結婚的事情了。
唔
抖抖
抖抖
抖抖
抖抖
但這對藤崎君來說太沉重了。

❗對方是否對自己有意思，可以從對方的態度看得出來。

請見258頁！

雖然談戀愛有個人差異，無法一概而論。
沒問題的！
咦
真的嗎？
不過，既然不是相親，
突然給對方結婚壓力恐怕不是很好喔。
啊…
沉重
適婚年齡
壓扁
果…果然……
話說，在戀愛心理學中，
有個知名的「SVR理論」。
SVR理論？

從談戀愛到結婚，在建立親密關係上可分為三個階段。

心理學檔案 27 SVR 理論

心理學家默斯坦指出，隨著戀愛關係的深化，共分為「刺激」、「價值」、「角色」三個階段，而每個階段所著重的要素各不相同。

S／刺激階段

真可愛

正式交往前、後的階段。重視外表等肉眼可見的「刺激」。

V／價值階段

這也很有趣！
我喜歡這個
動作片
驚悚片
愛情片

隨著交往時間越長，會更重視想法或興趣等「價值觀」的一致性。

R／角色階段

認知到結婚的階段。重視「角色」，即雙方的互補性與協調性。

▶請見254頁！

原來如此
嗯……
這樣看來……
我和前男友都停留在磨合價值觀的「價值階段」，
從來沒想過「角色分配」這件事……
如果是他的話應該可以……

❗如SVR理論的「價值階段」，交往時重視價值觀一致的想法稱為平衡理論。▶請見256頁！

故下
我知道了。
現在先不要想結婚的事，
握拳
而是傳達我的心情給他知道。
沒錯！我支持妳喔。
呵呵
啊哈哈
謝謝！
握緊
好！

乾了！
我拚了！
舉
起
哇啊，不要一口氣喝完啦！
我，
為什麼要阻止我！
妳是不是有點醉了？
想順著自己的感覺行動。
久等了
這是烤羊肉串
哇—
喔—

唔啊——
好好吃！
活得不像自己就太無趣了。
啊哈哈
只要有些許知識和勇氣，就一定能改變人生⋯
這是我從心理學學到的東西！
啊哈哈

心理學檔案 25

關鍵字 吊橋效應

心跳加速的錯覺

歸因（↓222頁）指歸結事物成因的心理反應，但有時也會產生**錯覺**。換句話說，也就是有所誤會或先入為主，這在心理學稱為**「歸因偏誤」**。

最典型的歸因偏誤就是**「吊橋效應」**。這個理論由社會心理學家唐諾．達頓（Donald G. Dutton）和亞瑟．阿隆（Arthur P. Aron）所提出。他們認為，當人因為不安或亢奮而心跳加快，這時如果身旁剛好有人，我們容易誤以為自己心跳加速是**戀愛的怦然心動**，認為「自己喜歡上那個人了」。

兩人實施了一項吊橋實驗，他們請男性走兩座橋，一座是看似危險、讓人感到不安的吊橋，另一座則是堅固木橋，並請女性在橋的另一端等待，向過橋的男性詢問是否願意協助問卷調查。

女性會遞給過橋的男性一張留有電話號碼的紙條，並說：「如果你對這個實驗有興趣的話，請跟我聯絡」。結果許多走過吊橋的男性打了電話過去。

這個實驗顯示，通過搖晃吊橋而心跳加速的男性，誤以為自

解說 認知偏誤的類型

① 歸因偏誤

漫畫和電視劇中引人遐想的場景「壁咚」，其實也屬於歸因偏誤。由於對方的臉突然靠近自己而受到驚嚇，對方還用手阻擋了去路，故引發不安的情緒使得心跳加快，導致歸因偏誤，誤以為那是愛的悸動。

② 確認偏誤

確認偏誤指人會強化自己舊有的認知（成見），並往有利於自己的方向思考。即便發現自己是因為吊橋效應此歸因偏誤而喜歡上對方，也會覺得「周遭明明還有其他人，我卻喜歡上那個人」，只蒐集自己想要的資訊，硬是把原因導向自己希望的方向。

己心臟撲通亂跳是因為愛上了女訪員，因此打電話聯絡對方。

由上述例子可知，當事人完全是因誤會導致歸因偏誤，但因為誤會而發展成戀愛關係的例子還不少。

然而，並非只有在身處不安或刺激的環境下，致使心跳加快，才會導致歸因偏誤。另外像是運動後心率加快，也容易發生吊橋效應。因此對健身房教練心動，也有可能是吊橋效應所致。

由上文可知，因為心跳加快而感到心動，未必是真感情，有時候可能是歸因偏誤，必須多留意。為了避免自己因「不應該發生這種事」而深感後悔，請先靜下心來再做判斷。

③ 行為者—觀察者偏誤

別人犯錯時，我們容易責備他人「真不小心」，但自己犯錯時，卻覺得「真沒辦法」而偏袒自己。像這種「嚴以待人，寬以律己」的雙重標準，叫做「行為者—觀察者偏誤」。另外像是人能冷靜判斷別人的愛情，卻容易誤判自己的感情，也是此類偏誤所致。

吊橋效應的負面效果

吊橋效應是一種歸因偏誤，指以為自己心率加快、心臟怦怦跳是因為喜歡上對方。然而在不同情況下，吊橋效應未必能帶來正面效果。

好感度低的情況

當對方對你並無好感時，對方會將心跳加快的原因歸結於你以外的因素，因此不會發生吊橋效應。

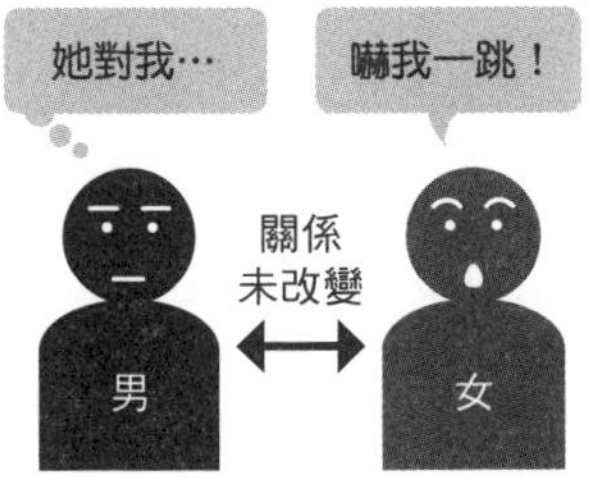
她對我…
嚇我一跳！
關係
未改變
男
女

無信賴關係的情況

若雙方未建立起信賴關係，心跳加快會被對方視為「討厭的事」，對方更會對造成心臟怦怦跳的源頭，也就是你感到憤怒。如此一來，不僅無法獲得正面效果，還會讓自己的評價變得更差。

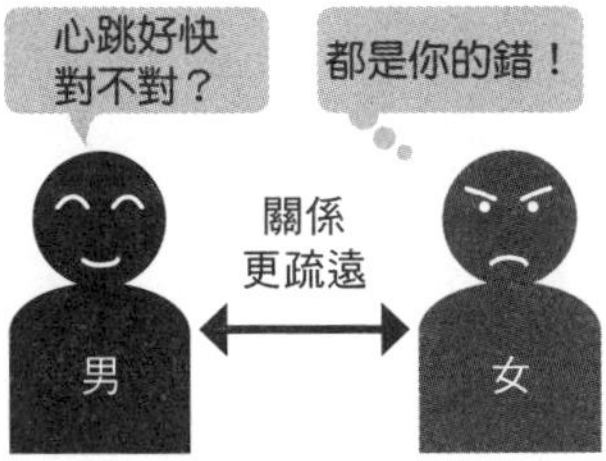
心跳好快
對不對？
都是你的錯！
關係
更疏遠
男
女

心理學檔案 26

喜歡才幫忙的合理化心理

關鍵字 認知失調理論

如前文的防衛機制（↓198頁）所提，人具有無意識緩和壓力的心理機制。因此，當人的行為與真實的心情或想法彼此矛盾時，防衛機制就會發揮作用。

例如，大家都知道飲酒過量或抽菸對身體不好，但還是有很多人大口喝酒、暢快吸菸。美國心理學家里昂．費斯汀格（Leon Festinger）稱態度與行為間的**矛盾**為**認知失調**，並提出了**「認知失調理論」**（cognitive dissonance），他指出人有想消除矛盾的心理機制。因此，飲酒者稱「酒為百藥之長」或吸菸者說「抽菸能紓解壓力」，應該都是為了說服自己而找的**藉口**。這是內心為了消解矛盾，而構思出的**折衷方案**。

認知失調不只會發生在自己身上，也會作用於人際關係上，因此可以作為戀愛技巧。比方說，「請心上人**幫忙**」便是策略之一。

一旦你的暗戀對象答應幫忙，其就會產生「明明不喜歡你，卻為你付出勞力」的矛盾。對方為了消除矛盾，便會**找理由**

解說 日常生活中的認知失調

①「世上我只愛你」

就像是莎士比亞的劇作《羅密歐與茱麗葉》，阻礙越多，越是愛得轟轟烈烈。當自己的心意被否定，例如戀情遭受父母反對時，就會認知失調。為了解除矛盾，便自認「我對那個人的愛勝過一切」。

②「問題出在被霸凌者身上」

在霸凌問題上，霸凌者認為「原因出在被霸凌者身上」，也屬於一種歸因偏誤（↓222頁）。霸凌者為了消除「明明知道霸凌不對，卻還是霸凌別人」的認知失調，因此告訴自己「都是因為對方○○」，無意識地扭曲自己的認知。

說服自己，並告訴自己「因為我喜歡那個人，所以我才願意幫忙」。這個方法使用越多次，效果越好，因此請對方幫自己做一些難以拒絕的小事，也是一個好策略。

這個高難度的技巧是利用人為了消除認知失調，會無意識地改變自身態度的特點。

此技巧當然不僅可用在談情說愛上，用來提升與朋友同事之間的**親密度**也很有效。然而，若過於頻繁地求助友人及同事，或是回禮不足，會使對方漸漸失去幫忙的意願，因此要留意使用的頻率。

③「這個人沒有我不行」

會對渣男死心踏地的女性，就是因為想迴避「爛女人配爛男人剛好」這種自我否定的認知失調。因此她們會找藉口說服自己很喜歡對方，所以才為對方付出大量心血。

認知偏誤

即便很清楚自己疑惑著「為什麼會跟那種人交往」，卻歹戲拖棚分不了手。這是因為認知偏誤扭曲了想法。

一致性偏誤

認為他人的行為和想法具有一致性、不會改變。如果對方往壞的方向發展，就會覺得「他以前是好人」，說服自己相信現在的他跟以前一樣未曾改變。

正常化偏誤

發生了異常現象，卻認為「自己沒事」。藉由說服自己「這很正常」，來維持內心的平衡。即便人際關係出問題，也誤以為自己沒事，而斷不了關係。

心理學檔案 27

愛情發展三階段

關鍵字 SVR理論

隨著兩人關係的深化，會經歷不同的戀愛階段，而每個階段重視的要素也不同，依序為**刺激**（stimulus）、**價值**（value）、**角色**（role）。此為美國心理學家伯納德・默斯坦（Bernard I. Murstein）所提出的「**SVR理論**」。

在兩人初識到交往的階段，最重要的要素是「刺激」，也就是**肉眼可直接觀察的魅力**。除了優雅的儀態、高挑的身材、時髦的打扮外，社會地位和說話風趣等也是外顯的魅力。

交往一段時間後，「價值」要素，即**共同價值觀**會變得較重要。所謂的共同價值觀指彼此的興趣、生活型態、人生態度的契合程度。若雙方的價值觀吻合，彼此關係就會更緊密。

接下來，當雙方有結婚共識時，彼此扮演的角色、能否**互補**等「角色」要素就會更形重要。兩人決定攜手共度一生時，彼此能否各司其職並相互扶持，是這個階段的重要考量因素。

但上述三個要素並非互斥，而是某種程度上同時存在，不過

解說 愛情三角理論

有別於SVR理論，美國心理學家羅伯特・史坦伯格（Robert・Sternberg）提出了愛情三角理論，他指出愛情由以下三個要素組成。

① 親密

史坦伯格認為愛情的組成要素之一為「親密」（如依賴等情感連結）。此要素大多可見於長年相處的夫婦身上。

② 激情

另一個愛情要素是激情（包含性結合等能讓兩人感情升溫的驅力）。此要素相當於SVR理論的刺激階段，比方說，戀愛時的小鹿亂撞便是激情的展現。

隨著兩人進入不同的戀愛階段，各要素間的重要性也會有所變化。

一開始之所以會受到對方吸引，大多是因為魅力等刺激性要素。但若只是臉蛋漂亮、說話風趣，未必就能成為終身伴侶。畢竟，戀愛和婚姻所期望的東西不盡相同。

不分男女，在現代社會沒有經濟基礎，根本結不了婚。此外，無法分擔家務的人，會讓另一半的家務負擔過重，這種人也稱不上是好的人生伴侶。

戀愛對象與共度快樂婚姻生活的對象，兩者的條件可謂有所差異。

③ 承諾

為感情負責，並允諾與對方長相廝守。此要素類似SVR理論的角色階段。

● 愛情三要素幾何學

依據三要素的組成比例，可區分出八種愛情型態。即便交往多年失去熱戀感，但只要兩人保有親密度和責任感，雙方的關係依舊能緊密穩固。

戀愛的六種類型

加拿大心理學家李約翰（John Alan Lee）將戀愛分成六種類型，並指出當雙方屬於同個類型，或是兩者類型相近時，兩人比較容易在一起。若類型差距越遠，戀情越難開花結果。

①遊戲愛（Ludus）

此類型忠誠度低，如玩樂般地自由享受戀愛，也不會執著於特定對象，甚至享受多角戀愛。

②實用愛（Pragma）

此類型認為浪漫和感情是次要的，必須用現實條件來衡量愛情。他們重視對方的地位和經濟條件，審視對方的條件是否符合自己的要求。

③同伴愛（Storge）

此類型的愛情是從友誼發展而成。先從朋友做起，進而交往，穩健地發展彼此的關係。這種類型即便分手之後，大多也能維持朋友關係。

④利他愛（Agape）

為了對方，犧牲自己也無所謂的類型。此類型認為即便對方不愛自己也沒關係，高度犧牲與奉獻自我。

⑤肉體愛（Eros）

著重戀愛中的激情與浪漫。大多非常重視外貌，容易一見鍾情。言行舉止充滿浪漫情趣。

⑥瘋狂愛（Mania）

此類型熱情且善妒，占有慾強。經常出現悲傷、忌妒、固執等激烈的情緒，不斷向對方確認「你愛不愛我」。

人際交往的心理機制

平衡理論

認知失調理論（→252頁）指人因為厭惡內心與行為間的矛盾，而無意識地調整態度以保持心理平衡。提出**歸因理論**（→222頁）的心理學家費里茲·海德（Fritz Heider），亦主張此心理現象適用於人際關係。他指出人在人際關係上，也會試圖維持心理平衡，即所謂的**「平衡理論」**（balance theory）。

最典型的例子就是剛交往的情侶。**SVR理論**（→254頁）認為當雙方的興趣或嗜好一致時，能使彼此的關係變得**穩固**，但實際上根本不可能完全吻合。因此，為了穩定彼此的關係，就會出現**改變自己**以達到平衡的現象。

比方說，兩人都喜歡某類型的音樂，又或者是對另一半討厭的音樂有共鳴，使得彼此關係穩定。

但當自己不喜歡對方的音樂喜好時，就會失去內心平衡而感到不自在。這時人會想辦法調整想法以取得心理平衡。

取得心理平衡的方法，如無意識地「大量聆聽對方喜歡的音樂」、「受到心上人的影響而改變了音樂品味」等等，都是源自上述的心理反應。

但必須注意的是，單方面地迎合對方，容易讓自己在無形中累積壓力。甚至可能會因為對方無任何互惠行為（→112頁）而感到憤怒，「為什麼都是我配合你？」導致情緒爆發，最後兩人分道揚鑣。

雖然人為了珍惜戀情，可能願意改變自己的喜好，但最好也請對方接受你的興趣。最理想的狀態是，不勉強彼此，同時也能相互調整價值觀。

相似性效應

許多研究皆已證實，人為了讓內心長期處於平衡狀態，偏向追求與自己興趣相仿的對象。

艾瑞克．柏恩的實驗

美國心理學家艾瑞克．柏恩（Eric Berne）提出了「相似性效應」（similarity effect），並以德州大學學生為對象進行實驗，證明人經常尋求與自己喜好相近的對象。

①意見一致　②意見不一致　③部分意見不一致

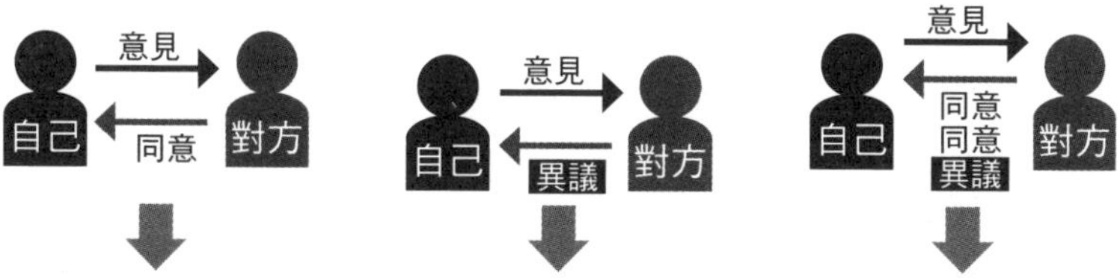

①意見一致	②意見不一致	③部分意見不一致
好感度上升	好感度下降	好感度下降
人容易對跟自己意見相同的人抱有好感。	當意見不一致時，會覺得自己被否定，導致好感度下降。	意見越一致，好感度越高，但只要意見有所分歧，好感度就會下降。

想要博得對方的好感，就必須配合並迎合對方的意見。

配對假說

人會因對方與自己的差異過大而倍感壓力，因此人會無意識地挑選跟自己水平相近的對象。由於相似性效應發揮作用，讓我們對與自己相似的對象產生好感，此現象在心理學稱為「配對假說」（matching hypothesis）。

選擇相配伴侶的心理機制

①害怕若對方的容貌比自己出色太多，自己很有可能會被對方拒絕。

②認為跟性格、價值觀、金錢觀等相近的對象較投緣，因此容易抱有好感。

③跟興趣或價值觀相近的人相處壓力小，因此也更容易長久相處。

但若容貌以外的要素互相匹配，仍可能出現「美女與野獸」的組合，但多數人仍傾向選擇跟自己層次相仿的對象。

心理面面觀

從肢體洞悉對方的心

好感的訊息

我們的**心理狀態**，比自己想像的還更容易透過肢體表現出來。也就是說，即便當事人並非刻意為之，旁人也能從他的肢體動作或態度，判斷出他的真實想法。

只要掌握到上述知識，從身體語言便能判讀出對方對自己有無好感。

比方說，如果對方在對話中無意識地擺出展現善意的**開放姿勢**（↓115頁），即身體朝向你、敞開雙臂說話等，則代表對方對你敞開了心胸。

此外，當對方將身體往你的方向傾斜，則表示對方對你相當有興趣。若對方對你有輕微的肢體接觸，極有可能是對你有好感。

上述行為都是無意識中釋放出來的**訊號**。即便沒說出口，身體也會自然表示。

另外，人有所謂的**「個人空間」**概念。當喜歡的人進到個人空間，我們會覺得開心。相反地，當討厭的人踏進來時，我們會感到厭惡。個人空間的大小因人而異，但若是主動讓別人進到自己的個人空間，則是喜歡對方的證據。

心理學用語 Check!

書擋效應

我們可從對方身體朝向的方向來判斷對方對自己有無好感。當兩人並排坐，若對方湊近且臉和上半身面向你，則極有可能是對方對你有意思，即所謂的「書擋效應」。而相較於女性，此效應更常出現於男性身上。此外，若對方腳趾朝向你，也表示對你有好感。另一方面，人在抱有好感或信任的對象面前，會出現肩膀自然下垂、一直注視著對方眼睛等肢體動作。

第10章

自我成長的幸福心理學

只要加入多個參照團體，
當不知道該如何做決定，感到煩惱或痛苦時，就可以參考不同的標準，做出不偏頗的決定。
參照團體……
只要跟花形老師拉近關係，應該可以從她身上學到很多喔。
花形老師？
對，老師見過世面，所以她特別重視人與人之間的連結。
真的耶……
我跟學生時代的朋友都沒什麼聯絡了。

總之呢，
那個…我好像喜歡上你了。
偷瞄
嗄？你怎麼了？
啊，沒事，不好意思！
其實我也…我也很喜歡主任…
！

我從主任調過來的時候，
就一直覺得您工作能力強、個性又好，是個非常棒的人。
雖然我工作老是做不好，也曾經煩惱過要不要離職…
但我之所以能像現在這樣繼續努力，都是多虧主任一直以來的鼓勵。
別這麼說…
我原本想說，等工作能力再提升一點之後，
再向您告白的。
我…我才是今後要請您多多指教了！
鞠躬
藤崎君…

就這樣，
我跟藤崎君開始交往了。
職場的人際關係，也不像以前那樣讓我感到困擾…
當然，偶爾也會遇到一些問題。
但我都會提醒自己，積極正面地去處理每個問題。
就像以前在企劃部那樣，我現在充滿了幹勁。

一切都多虧了悠宇…
而悠宇他…
什麼！
你不上烹飪課了？
馬上就要重新開課的說…
其實啊，我準備要再開一間新的診所。
哇啊，恭喜你耶！
之後會變得很忙，再加上…
限醣減肥法成效佳，讓我瘦了不少。
真的耶…
所以以後應該也沒辦法常常跟妳見面了。
！

但…說真的，明明不是工作，
你卻願意這麼親切地聽我訴說煩惱、給我建議…
我們是花形烹飪教室之友呀。
而且跟妳吃飯聊天，我很開心喔。
你這樣說，我就安心多了…
可是，
我還是覺得有點不安…
日比野小姐成長很多了喔。
妳跟身邊的人溝通應該更為順暢，不像以前那樣煩惱了吧。
而且呀，
現在妳交了男朋友，應該也無法太頻繁地跟其他男生見面吧。
怎麼會…
不過…現在這個時間點好像真的
不是很好…
？

其實我們昨天吵了一架……
原來如此……
那今天就當作是最後的建議吧。
最後的……
哎呀，別這麼沉重嘛。
啊
好…好喔…
情侶吵架在所難免，但要注意不要被一時的憤怒擺布喔。
因為洶湧的憤怒，常毀掉人際關係。
嗯，的確是…
當妳實在控制不了憤怒時，
可以試試「思考中斷法」和「自我說服法」。

心理學檔案 28 思考中斷法／自我說服法

這些是控制憤怒，讓自己恢復冷靜的小技巧。
STOP

●思考中斷法：

這是由心理學家史托茲所設計的有效平息怒氣方法。藉由刺激自己來中斷憤怒，並控制即將失控的脾氣，讓自己恢復冷靜。

直接給予身體刺激	出聲對自己說「停」

啪
啪
停！

寫
寫

●自我說服法：

藉由與自我對話，釐清內心的憤怒，使自己恢復冷靜。而一邊思考，一邊將想法寫在筆記本上，可以讓情緒整理變得更簡單。

①理解自己正在生氣。
②思考自己的憤怒是否合理。
③如果不合理就就對自己說，是自己判斷錯誤（結束）。
　如果合理就尋找解決方案，例如是否要糾正對方。
④評估在階段③思考的解決方案是否恰當。
⑤再次確認自己是否還在生氣。
⑥執行階段③的解決方案。

▶請見278頁！

釐清焦躁的原因，的確有助於思考解決對策耶。
嗯。
雖然思考中斷法很簡單，但卻出乎意料地能有效打斷憤怒喔。
謝謝你！
昨天吵架實在太情緒化了……
要多小心才行。
等等聯絡一下藤崎君……
隨著兩人的關係越來越緊密，彼此壓力大而吵架的情況會越來越常見。
但是啊，
？

壓力是在我們察覺到危險，並試圖克服危險時產生的東西。
因此壓力其實也是人類生存不可或缺的要素。
所以不能光只是消除壓力，
尋找與壓力和平共處的方法也很重要喔。

心理學檔案 29 與壓力和平共處的方法

壓力是因為受到環境的刺激，使得身心呈現緊張狀態的生理及心理反應。雖然壓力是一種煩惱來源，但它也是維持身心健康不可或缺的要素。

用力
適度的壓力，
反而是取得成功的必要條件。

改變動機	接受心理諮商
適度的壓力，能為工作、考試、競賽時帶來恰到好處的緊張感。	當壓力過大，導致身心嚴重不適時，向專家尋求協助也很重要。

充滿幹勁
我也要升遷！

多虧了心理諮商，有效緩解我焦躁不安的情況呢！

▶請見280頁！

對耶，
我原本對總務部的職場環境倍感壓力，
但正因為我試圖克服那樣的壓力，反而造就了現在的我。

妳說得對！但就像我常說的，過度沉重的壓力，會輕而易舉地把人壓垮。
所以偶爾逃避一下也是必要的喔。
好的，我會小心的。
另外…
喀啷
還有一件重要的事情想讓妳知道。
日比野小姐很多事都會找我商量，像是與男朋友交往、吵架等等。
是…
不過妳在公司工作，
也到烹飪教室學喜歡的料理，
日比野小姐有許多不同的歸屬團體…
像這樣為自己創造不同判斷標準的歸屬團體，
是非常重要的事情喔。
烹飪教室
公司
朋友

心理學檔案 30 參照團體

以團體的判斷標準，作為個人做決定時的參考。而不同團體所重視的面向也不同。比方說，即便在職場這個參照團體倍感壓力，但只要跟朋友的關係良好，也能取得心理平衡。

家人	興趣社團	職場
例如：相互認同。	例如：保持適當距離。	例如：重視成果。

只要建構多元的人際關係，便可參考各種不同的判斷標準，讓自己的想法面面俱到。

▶請見282頁！

只要加入多個**參照團體**，當不知道該如何做決定，感到煩惱或痛苦時，就可以參考不同的標準，做出不偏頗的決定。
參照團體…
只要跟花形老師拉近關係，應該可以從她身上學到很多喔。
花形老師？
對，老師見過世面，所以她特別重視人與人之間的連結。
真的耶…
我跟學生時代的朋友都沒什麼聯絡了。

但也不要勉強自己喔。
只要找到適合自己的人際關係或團體，好好珍惜這段關係就好。
就這層意義上，妳跟我的關係也算是一種參照團體喔。
我，跟悠宇……
？
雖然之後可能無法常常見面了……
多虧了悠宇，
我們是非常棒的參照團體！

噗
能跟妳組團，
是我的榮幸！
黏黏
在那之後，我再也沒見到悠宇了。
哇啊，謝謝大家。
花形烹飪教室
大家討論之後，決定各自帶一道起司料理，慶祝老師教室重新開張。
哇啊，好棒喔。

花形老師，請吃。
哇，好好吃喔。這…應該是起司蛋糕對吧。
嗯，好吃又爽口！
這是以豆腐為基底做成的起司蛋糕。
哎呦，這麼厲害，我沒什麼可以教妳的了。
哪有！我還差得遠呢。
哈哈哈
話說，悠宇他竟然停上了，妳應該有點難過吧。
我…
一點也不難過呀！
是喔。

雖然覺得有點寂寞，但我有他的聯絡方式，
真的有什麼事的話，我們也可以直接約診所見面！
說得也是。
對呀，
而且我一直都跟悠宇同一組，
之後想跟其他人好好交流一下。

心中自然浮現的想法稱為「自動化思考」。請見284頁！

喔喔，很不錯喔！
話說，花形老師除了烹飪之外，還有其他興趣嗎？
興趣啊？有很多喔！
像是編織、三味線、健行…
但這些都還在初學階段。

哇啊，真多元耶！
我也可以跟您一起學其中一種嗎？
非常歡迎喔！
那我們先健行十公里如何？
咦，十公里！？
即便沒有悠宇的協助，我好像也能自己解決人際關係的煩惱了。
只要用心思考待人接物的方式，
努力理解對方的想法，
我待到三月喔。
什麼，部長要調任！？
就能改變周遭的人際關係。

❗理解別人煩憂的能力稱為「諮商讀心力」。▶▶▶請見286頁！

轉身
嗚喔
喔
嗯？怎麼了嗎？
……
！
開心
啊啊，
你們在擔心我對不對！
謝謝
她一點也…
不在乎…

害我白擔心了！
啊哈哈不好意思啦
那我回去工作囉
即便新的人際關係發生問題也沒關係，
面對部長的無理要求，我該怎麼辦呀？
噗
看來沒事了
這次很心平氣和呢
妳自己想辦法啦。
謝謝大家的關心。
那我走囉
因為我相信自己，
好，繼續加油！
有解決問題的能力。

心理學檔案 28

處理憤怒的心理技巧

關鍵字 思考中斷法／自我說服法

人時常壓抑內心的憤怒，然後到了忍無可忍的時候就一次爆發出來。因此美國心理學家保羅．史托茲（Paul G. Stoltz）提出**「思考中斷法」**（thought stopping），以平息累積過多的憤怒。

思考中斷法指藉由給予自己生理刺激來打斷憤怒。比方說，拍打自己的臉頰、喝冷水或熱茶等簡單方法，只要能給身體帶來刺激即可。而直接刺激身體感官更能有效中斷情緒、轉換心情，是非常簡單的方法。

此外，刺激聽覺，如向自己喊「停」或身邊的人出聲制止也相當有效。如果你很常生氣，可以請熟識的親友幫忙。

以思考中斷法成功平息怒氣之後，再冷靜地向對方傳達自己的心情和想法吧。最重要的是，不要被憤怒擺布，對別人大發脾氣。常常一時衝動、說話傷人的人，可以檢視一下自己對別人表達情緒時是否夠冷靜。

當我們感到沮喪，想擺脫各種負面情緒時，也可以使用思考中斷法。

解說 思考中斷法的實際運用

① 緩和病態式的不安和恐慌

思考中斷法原本是用來治療強迫症（→141頁）等精神疾病，所研擬出來的心理療法。對截斷病態式的不安、恐懼、恐慌等情緒來說，思考中斷法是既簡單又非常有效的方法。

② 輔以其他肢體動作

對自己喊「停」的同時，試著敲打自己的身體，或是把手舉高、起身等輔以其他肢體動作，效果更佳。

③ 切換思緒

打斷憤怒後的首要之務便是切換思緒。比方說，利用思考中斷法打斷焦躁不另外還有一個平息怒氣的方法叫做**「自我說服法」**（self-persuasion）。有別於平息爆發型憤怒的思考中斷法，這個方法適合用來處理長期累積的隱忍型憤怒。

自我說服法是透過寫下內心想法，再判斷該想法是否合理，然後尋找解決方案。藉由寫下心情，抽離情緒，有助於自己冷靜判斷。

若只是把怒火往肚裡吞，總有一天會爆發出來。相較於思考中斷法，自我說服法不僅能使自己變得冷靜，也有助於切換思緒，尋找解決問題的對策。

安的情緒之後，就想「今晚要去吃好料！」來轉換心情。

④ 運用次數多多益善

大家可能會以為若太常用思考中斷法，就會因習慣成自然而效果變差，但其實不然。當你越常運用思考中斷法，憤怒和負面思考出現的次數反而越少。

憤怒管理

有些人容易在談話中途突然「暴怒」，這是因為感覺到憤怒，情緒反射性爆發所致。想建立良好的人際關係，就必須學會控制自己的憤怒，也使得「憤怒管理」（anger management）這個心理治療法應運而生。

①忍六秒鐘

一、二、三、四、五、六。

只要六秒鐘之後就過了憤怒高峰。因此生氣時，就在心中默數六秒鐘，讓自己恢復冷靜。

②以語言表達憤怒

我為什麼會生氣呢…

以語言表達憤怒，能幫助自己理解生氣的理由。

③條理清楚地說明

這個地方讓我很生氣。

用對方能理解的方式，說明自己生氣的理由。

上述三個方法並不只是為了平息憤怒，也能傳達自己的情緒和想法讓對方理解。藉由反覆的練習，能讓自己不再瞬間爆發情緒，學會控制自己的情緒。

心理學檔案 29

與壓力和平共處的方法

關鍵字　壓力是必要的

壓力是人的身心受到環境刺激所產生的**緊張狀態**。如前文所提，人會以各種方式減輕人際關係所帶來的**精神壓力**。

那完全沒壓力是不是比較好呢？實則不然。因為壓力是人基於生存**必要的生理反應**之一，也是人類**社會生活**的必要之物。

美國心理學家耶基斯（Robert Yerkes）和多德森（John Dodson）以老鼠進行了一項學習實驗，若老鼠不努力學習就會遭到電擊。實驗結果發現，電擊強度太強或太弱，都無法提升老鼠的學習**動機**（→172頁）。

這個實驗結果顯示，身心承受過大壓力時的表現固然差，但毫無壓力時的成果也差強人意。**適度**的內在或外在壓力，反而可以激發人**交出成果**，此稱為**「耶基斯－多德森定律」**（Yerkes-Dodson law）。

比方說，相較於公司對自己毫無期待、視若無睹，上司交辦工作時若能施加點壓力，如表達「很期待你的表現喔」，反而讓人更有**幹勁**、做出成績。此外，工作順利時，心想「下次也要成

心理技巧　讓壓力成為你的好朋友

① 視壓力為理所當然

壓力是動物因應外在威脅時，必要的生理反應機制之一，同時也能帶來適當的緊張感。因此，視壓力為理所當然，反而更輕鬆自在。

② 肯定壓力的正面效果

想將壓力轉為助力，除了視壓力為理所當然外，積極肯定壓力的正面效果也很重要。用正向的態度看待壓力，能讓我們的心情變得積極正面。

③ 用小目標削弱巨大壓力

適度的緊張感（壓力）能提高效率，幫助我們達成目標。但為了避免長期處於

功」；遭遇挫折，對自己說「下次加油！」繼續努力，對自己施加壓力，能得到更好的成果。

重點是感覺到壓力時，能想成是「這個壓力能幫助自己」，即所謂的**「心態」**（mindset）思考框架。研究發現，只要掌握正確心態，即便身處壓力狀態，也能交出好成果。也就是說，若懂得轉念思考，壓力也能成為幫助自己的利器。

壓力狀態，可以將長期目標切割成短期目標，再逐步努力達成。

④ 不要陷入「必須式思考」陷阱

積極因應壓力很重要，但努力過頭也不好。如果陷入「必須將壓力轉為助力」這種「必須式思考」的陷阱裡，反而會增加壓力。

荷爾蒙與壓力的關係

皮質醇和腎上腺素等荷爾蒙，是人感到壓力的原因。當我們感受到危機時，大腦會分泌這類壓力荷爾蒙，增進身體的活動力。但長時間分泌過剩，會對身體帶來不良影響。因此治療憂鬱症等疾病，便是使用藥物抑制壓力荷爾蒙的分泌。

壓力荷爾蒙的功能

讓身體準備對外迎戰！

➡ 心跳加速、身體呈現亢奮狀態（體溫上升）。

大腦活化

➡ 分泌纖維母細胞生長因子（FGF2）。

長期分泌過剩時

長期處於亢奮狀態，會對身體造成傷害。

血液變得濃稠。

➡ 身體長期累積疲勞，也會對精神狀態帶來負面影響。

短期壓力能提高效率，但長期壓力卻會危害身體。因此想達成長期目標，最好是將大目標細分成短期可達成的小目標，再逐步完成。

心理學檔案 30

歸屬之地越多越好

關鍵字 參照團體

從家庭、學校到職場，大至國家，每個人都隸屬於某些團體，而不同團體的性質也各異。心理學將影響我們想法的團體稱為**「參照團體」**（reference group）。

每個團體都有各自的**規範和思考模式**，也就是「必須〇〇才行」。例如，職場上可能是「認真工作」，朋友之間則是「不說壞話」，規範內容由團體自行決定。

一般而言，人隸屬於多個規範和思考模式各異的團體，我們視那些規範為行動準則，抑或參考多個**規範**和思考模式後，再彙整自己的想法、**判斷**事物。

也就是說，人藉由加入多個團體，使自身想法能面面俱全。

但是當隸屬團體的數量極少，例如只有一個時，就會只有一種思考模式。

若人在判斷事物時只參考單一團體的規範，那他在做決定時便不會猶疑不定。然而，沒有其他比較對象的單一標準，多數時候都存在嚴重的偏頗。

例如，當參照團體只有職場

解說 有加分效果的參照團體

① 團體與成員數多多益善

當人所屬的參照團體越多，越能夠接觸到不同的判斷標準。此外，團體成員越多，且自己在團體中的人際關係越安定、良好，越容易獲得社會支持（↓224頁），即便遇到困難也能輕鬆解決。也就是說，所隸屬的團體數量及團體成員人數越多越好，而且在團體中的人際關係越良好越佳。

② 預防思維僵化

隸屬多個參照團體能避免自己視單一團體的規範為理所當然，而出現極端想法。然而，若成員長期固定則很難有新氣象。因此加入其他團體，接觸不同的思考模式或新規範，能預防思維僵化。

同事時，容易覺得公司說什麼都對；若參考規範只有家人，就會認為父母的話永遠正確。因此邪教等組織為了讓成員乖乖聽話，會刻意讓成員疏遠其他參照團體（如家人等）。

在該情況下，問題會在那個規範和思考模式出現破綻時浮現。當人無法重返現實，就沒辦法建構出其他想法，精神狀態因此被逼到極限，身心健康均受到危害。

為避免落入上述狀況，必須接觸不同的想法，建構一套自己的思考模式。因此，加入多個參照團體，為自己創造歸屬之地便相當重要。

③ 態度一致，維持身心健康

某些參照團體的成員，可能是由立場不同、年齡各異的人所組成。此時，無須過度卑謙，也不用虛張聲勢。若身處不同參照團體間的自己態度相差過大，可能會造成心理狀態不穩定。

團體迷思

參照團體的規範由團體各自決定，但是當決策是由大家開會決定時，就必須特別留意團體的心理效應。

團體常見的心理現象

- 難以提出異議。
- 容易把相同意見當作是正確的。畢竟，贊成別人的意見很簡單。
- 迎合、同意周遭人的意見。

像日本這種母性原理（→ 194 頁）顯著的社會，在開會討論時很容易出現上述迎合群體的心理現象。如此一來，就會產生「大家都這樣想」的氛圍，而沒辦法好好討論問題，做出偏頗的決策。

自我覺察的認知心理

自動化思考

如同前文所提，人的內心大多可用心理學來解釋。然而，就算心理學能看穿內心情緒，也無法阻止情緒突然湧現。

比方說，就像想泡個熱水澡，泡進澡盆裡卻發現水是溫的，內心浮現「真不舒服」的想法。在心理學，這種瞬間湧現的情緒和想法稱為**「自動化思考」**（automatic thought）。

自動化思考的特徵在於，容易顯露出我們的潛在意識。

比方說，在擠滿人的電車中，與別人有肢體碰觸時，若認為「那個人撞到我了」，代表自己為高自尊人格；若認定「那個人故意撞我」，則是歸因偏誤。就像這樣，我們可以利用自動化思考，確認自己的心理狀態。在日常生活中，我們大多無意識地壓抑自動化思考。但是當我們感到疲倦、累積太多壓力時，便無法控制自動化思考，情緒一來就爆發，容易跟別人起衝突。

感覺到自己「控制不了內心湧現的自動化思考」時，是一種警訊。長期處於這種狀態，嚴重甚至可能罹患憂鬱症或人格疾患（↓140頁）等精神疾病。

為避免事態惡化，自覺自己的自動化思考至關重要。具體來說方法很簡單，只要在情緒浮現時，想一想「我為什麼會那樣想」，思考根本原因。

藉由察覺自己的不滿、問題、內心狀態，便能夠找到解決問題的具體方法。

當問題難以解決時，可以投注心力在紓壓的興趣上，以宣洩情緒（↓226頁）。或跟朋友見面，以獲得社會支持（↓224頁）等，藉由自我照顧，保持身心健康。

人際關係三層次

因為壓力或疲勞導致僵化的自動化思考，比方說凡事以工作為優先的工作狂，容易出現重視特定人際關係的心理狀態。但只要學會治療憂鬱症也有成效的人際關係治療（interpersonal therapy），將人際關係劃分為三個層次，然後在這三者當中取得平衡，便能夠釐清人際關係的重要度與比例，達到穩定的心理狀態。

人際關係的優先順序

優先順序

高 **重要的存在（第一層次）**
一旦失去便會衝擊內心
（家人、情人、孩子、摯友等）

中 **親密的存在（第二層次）**
一旦失去便會感到痛苦
（朋友、親戚、伴侶的父母等）

低 **保持距離的存在（第三層次）**
保持一定距離的相處
（工作上認識的人等）

例：產後憂鬱

「孩子第一優先」的想法，切斷了自己與周遭的關係，而陷入孤獨。

好孤單…
3
2
1

例：工作狂

「不重視工作以外的關係」，導致與家人朋友的關係疏遠，失去內心平衡。

根基
根基
不穩
3
2
1

➡ 希望人際關係取得平衡，必須保持思考的彈性。

了解心理，控制情緒

當我們對別人產生「為何不願幫我〇〇」、「被〇〇了」等負面情緒時，大多是囿於自己的成見。而利用心理學分析原因，能幫助自己找到解決問題的方法。

這點事他應該
會幫我吧？
為什麼他
不願幫我！

角色期待不一致

此心理源自人擅自期待對方應扮演某種角色，但對方卻達不到期待，因而感到不愉快。然而，只要理解這個不愉快的情緒，是自己先入為主的成見造成的，便能夠控制內心的憤怒。

心理 面面觀

如何傾聽別人的煩惱

諮商讀心力

向人傾訴煩惱，心情能輕鬆許多。但是當自己傾聽他人的重大煩惱時，必須留意傾聽的態度。為了正確地回應別人的傾訴，可參考心理諮商的做法。

首先要注意的是，**不要試圖給對方意見**。雖然我們都會忍不住想直接點出現實，告訴對方「那○○○不就好了？」但那反而會讓對方覺得「被強迫接受意見」、「都不好好聽我說話」，無法敞開心胸。

其次，必須注意不要隨口說「我也曾經○○，我懂」這種話，**切勿隨便說你懂別人的煩惱**。我們必須了解，每個人的煩惱只有他自己才能體會。

最後一點則是，**配合對方的說話速度**。當人跟自己話速差不多的人在一起時，能感到放鬆。關鍵在於，配合對方的說話速度，並附和對方，藉此讓對方感受到「自己受到肯定」。

除了前文所列舉的要點之外，也別忘了讓對方知道「你會全盤接受他的想法」，以建立彼此的信賴關係。

心理學用語 Check!

交互抑制法

相對於消除不安和恐懼的源頭，藉由創造與不安和恐懼完全相反的放鬆狀態，以紓解壓力的方法稱作「交互抑制法」（reciprocal inhibition）。此紓壓法是以南非精神科醫師約瑟夫・沃爾普（Joseph Wolpe）提出的「緊張和放鬆不兩立」概念為基礎。而在實際運用時，可搭配漸進式肌肉放鬆法（→142頁）等技巧放鬆身體。

参考文獻

《愛される人、愛されない人の話し方》／YUUKI YUU 著（寶島社）

《相手の心を絶対にその気にさせる心理術》／YUUKI YUU 著（海龍社）

《相手の心を絶対に離さない心理術》／YUUKI YUU 著（海龍社）

《相手の心を絶対に見抜く心理術》／YUUKI YUU 著（海龍社）

《相手の性格を見抜く心理テスト　ゆうきゆうのキャラクター　プロファイリング》／YUUKI YUU 著（マガジンランド）

《「怒り」がスーッと消える本—「対人関係療法」の精神科医が教える》／水島廣子 著（大和出版）

《打たれ弱～いビジネスマンのためのゆうき式　ストレスクリニック》／YUUKI YUU 著（ナナ・コーポレート・コミュニケーション）

《おとなの1ページ心理学》／1～6巻　YUUKI YUU 原作　ソウ 繪（少年畫報社）

《ココロの救急箱》／YUUKI YUU 著（マガジンハウス）

《今日から使える人間関係の心理学》／涉谷昌三 著（ナツメ社）

《こっそり使える恋愛心理術》／YUUKI YUU 著（大和書房）

《3秒で好かれる心理術》／YUUKI YUU 著（PHP研究所）

《史上最強図解　よくわかる人間関係の心理学》／碓井真史 監修（ナツメ社）

《渋谷先生の一度は受けたい授業 今日から使える人間関係の心理学》／涉谷昌三 著（ナツメ社）

《心理学入門— 心のしくみがわかると、見方が変わる》／YUUKI YUU 監修（學研）

《スタンフォード大学 マインドフルネス教室》／スティーブン・マーフィ重松 著（講談社）

《ゼロからはじめる！　心理学見るだけノート》／齊藤勇 監修（寶島社）

《「第一印象」で失敗したときの本　起死回生の心理レシピ100》／YUUKI YUU 著（マガジンハウス）

《たったひと言で心をつかむ心理術》／YUUKI YUU 著（德間書店）

《対人関係のイライラは医学的に9割解消できる》／松村浩道 著（マイナビ新書）

《対人関係の社会心理学》／吉田俊和、橋本剛、小川一美 編（ナカニシヤ出版）

《ダメな心によく効くクスリ》／YUUKI YUU 著（日本實業出版社）

《ちょっとアブナイ心理学》／YUUKI YUU 著（大和書房）

《出会いでつまずく人のための心理術》／YUUKI YUU 著（ナナ・コーポレート・コミュニケーション）

《「なるほど！」とわかる マンガはじめての心理学》／YUUKI YUU 監修（西東社）

《「なるほど！」とわかる マンガはじめての嘘の心理学》／YUUKI YUU 監修（西東社）

《「なるほど！」とわかる マンガはじめての自分の心理学》／YUUKI YUU 監修（西東社）

《「なるほど！」とわかる マンガはじめての他人の心理学》／YUUKI YUU 監修（西東社）

《「なるほど！」とわかる マンガはじめての恋愛心理学》／YUUKI YUU 監修（西東社）

《人間関係の心理学》／齊藤勇 著（ナツメ社）

《人間は9タイプ　仕事と対人関係がはかどる人間説明書》／坪田信貴 著（KADOKAWA）

《人づきあいがグンとラクになる　人間関係のコツ》／齊藤勇 監修（永岡書店）

《「ひと言」で相手の心をつかむ恋愛術》／YUUKI YUU 著（PHP研究所）

《マンガでわかる心療内科》／1～15巻　YUUKI YUU 原作　ソウ 繪（少年畫報社）

《マンガでわかる　人間関係の心理学》／涉谷昌三 著（池田書店）

《もうひと押しができない！ やさしすぎる人のための心理術》／YUUKI YUU 著（日本實業出版社）

《モテモテ心理術》／YUUKI YUU 著（海龍社）

漫畫　贏得好人緣的人際關係心理學
マンガでわかる！対人関係の心理学

監　修　YUUKI YUU
繪　者　二尋鴇彥
插　畫　栗生ゑゐこ
設　計　森田千秋（G.B. Design House）
繪圖協力　東京デザイナー学院
執筆協力　大越よしはる
編輯協力　木村伸二　土屋萌美（株式会社 G.B.）
譯　者　謝敏怡
主　編　呂佳昀

總編輯　李映慧
執行長　陳旭華（steve@bookrep.com.tw）

出　版　大牌出版／遠足文化事業股份有限公司
發　行　遠足文化事業股份有限公司（讀書共和國出版集團）
地　址　23141 新北市新店區民權路108-2號9樓
電　話　+886-2-2218-1417
郵撥帳號　19504465 遠足文化事業股份有限公司

封面設計　張天薪
排　版　藍天圖物宣字社
印　製　成陽印刷股份有限公司
法律顧問　華洋法律事務所　蘇文生律師

定　價　380 元
初　版　2020 年 4 月
二　版　2023 年 7 月

電子書 E-ISBN
ISBN：9786267305416 (EPUB)
ISBN：9786267305409 (PDF)

國家圖書館出版品預行編目（CIP）資料

漫畫 贏得好人緣的人際關係心理學 / YUUKI YUU 監修；二尋鴇彥
繪；謝敏怡譯 . -- 二版 . -- 新北市 : 大牌出版 , 遠足文化發行 , 2023.07
288 面；14.8×21 公分
譯自：マンガでわかる！対人関係の心理学
ISBN 978-626-7305-42-3（平裝）
1. CST: 人際關係　2. CST: 生活指導

177.3　　112008237